口絵１　井戸茶碗　銘「越後」

高 8.7cm　長径 14.8cm　韓国　15 〜 16 世紀　重要文化財　静嘉堂文庫美術館蔵

大井戸茶碗は豪快な味わいのものが多いが、この茶碗は豪快さと繊細さを兼ね備えたよさがあり、梅華皮《かいらぎ》もよく出ている。しっとりした枇杷色の肌が美しい。かつて越後殿という人物がもっていたことに由来する銘とされる。

口絵２　織部扇形蓋物《おうぎがたふたもの》

総高 11.0cm　長径 28.5cm　17 世紀　美濃窯　東京国立博物館蔵

織部焼には、茶碗はもちろん、皿や向付《むこうづけ》、杯、燭台、香合などさまざまな形があり、文様、色彩にも富んでいて人気が高い。このような箱形も代表的な器種のひとつで、斬新なデザイン性は時代を超えた人気がある。

口絵３　伊賀水指　銘「破袋《やぶれぶくろ》」
高 21.4cm　17 世紀　伊賀窯　重要文化財　五島美術館蔵
織部好みの代表作とされる水指。荒々しい肌に色変わりの釉薬がかかり、器表は変化に富んでいる。下部に大きな山傷《やまきず》（窯の中でできた割れ目）があるが、それもこの作品に強い存在感を与える見どころとなっている。

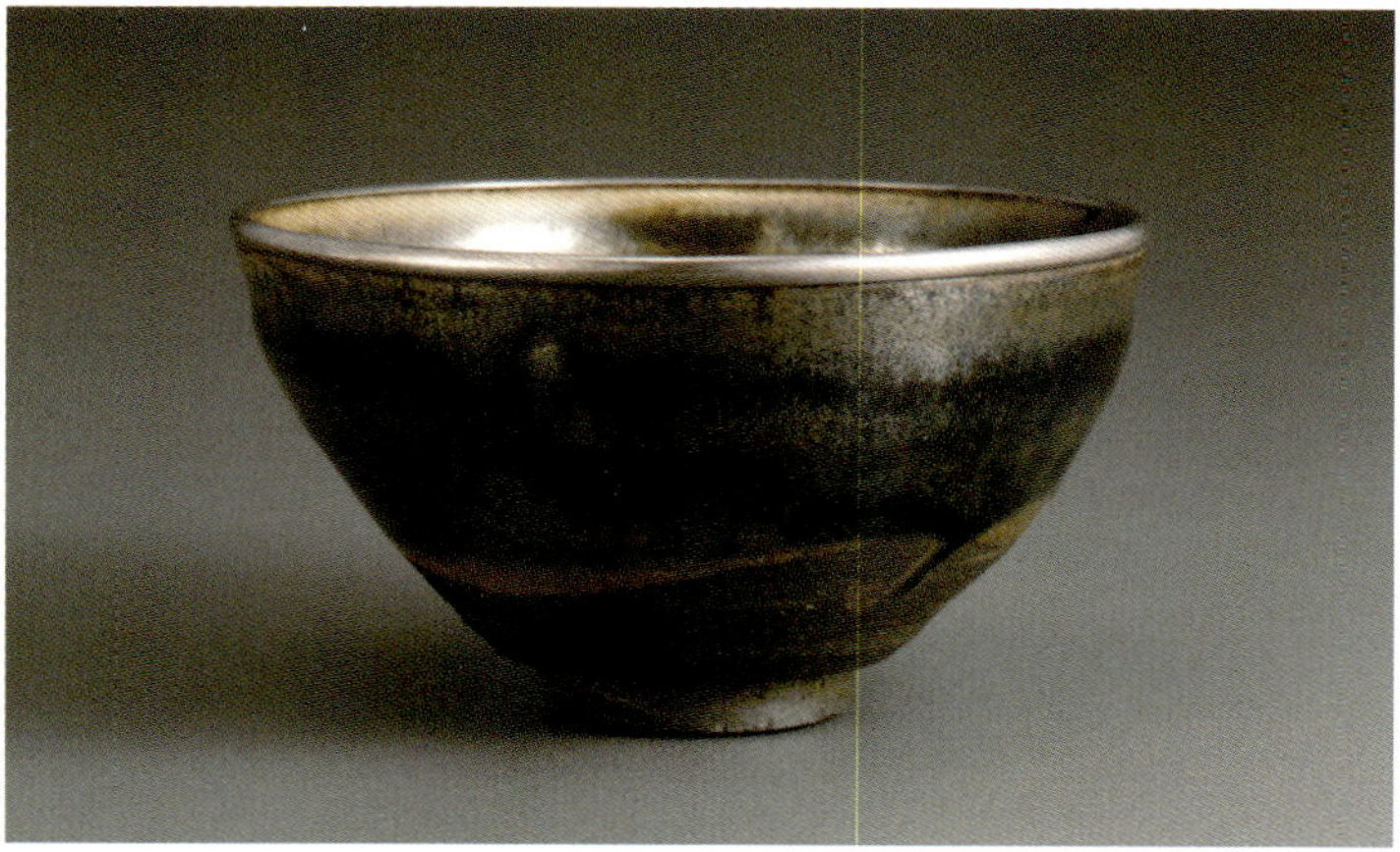

口絵４　黄天目《きてんもく》茶碗　「珠光天目」
高 6.7cm　口径 12.2cm　中国　14 世紀　永青文庫蔵
村田珠光が所持していたと伝えることから珠光天目とも呼ばれる。現在では灰被《はいかつぎ》と区別がつかないものであるが、黒褐色の釉薬の下から覗く黄味を帯びた薄い釉の色から黄天目とされたのであろう。口縁には金属の覆輪が巡っている。

口絵５　青磁茶碗　銘「馬蝗絆《ばこうはん》」

高 9.6cm　口径 15.4cm　中国　13 世紀　重要文化財　東京国立博物館蔵

中国浙江省龍泉窯青磁の代表作のひとつで、澄み切った淡い青色がまことに美しい。平重盛《たいらのしげもり》や足利義政にまつわる伝説的なストーリーが伝えられているのも茶碗のヒーローにふさわしい。ひびを止める鎹《かすがい》は中国の技術である。

口絵６　青磁「珠光《しゅこう》茶碗」

高 6.3cm　口径 13.0cm　中国　12 ～ 13 世紀　本願寺伝来　出光美術館蔵

中国福建省の各地の窯場で 12 ～ 13 世紀に大量に作られた褐色味の強い青磁茶碗のひとつ。中国製の唐物《からもの》だが、「馬蝗絆」などと違い、侘びた風情がある。侘茶の祖・村田珠光がこのような茶碗を使ったことからその名がある。

口絵 7　曜変天目茶碗　「稲葉天目」

高 7.2cm　口径 12.2cm　中国　13 世紀　国宝　静嘉堂文庫美術館蔵

伝世の曜変天目茶碗は世界で日本の 3 碗が知られるだけだが、その中でも最も華麗な曜変の出ているのがこの碗である。結晶性の釉薬が光をさまざまに屈折させて、奇跡的な輝きを作り出している。福建省建窯で焼かれたもの。徳川将軍家、淀藩稲葉家へと伝わった。

口絵 8　志野茶碗　銘「振袖《ふりそで》」

高 8.2cm　口径 13.1cm　16 ～ 17 世紀　美濃窯　国宝　東京国立博物館蔵

口縁《こうえん》部はやわらかに波を打ち、胴部をふっくらとした形に仕上げている。鬼板《おにいた》という鉄分の強い顔料でしなやかな草文を描き、白い釉薬を通して薄い紅色の見える下地とあいまって、たおやかな印象を与える。

茶碗と日本人

吉良文男

まえがき

美術館やデパートの展覧会ではやきもの（陶磁器）は人気のある出し物のひとつといっていいだろう。有田《ありた》や笠間《かさま》といった有名な生産地の陶器市も多くの人を集め、テレビのニュースにもなる。総じて日本人はやきもの好きという印象がある。しかし、実際の売買では、バブル経済のころのような盛んな商取引はないようで、不景気風に吹かれる窯場《かまば》の話はよく聞く。そんななかにあっても、一部の高名な作家の抹茶《まっちゃ》茶碗には高値がつく。日本のやきもののなかで抹茶用の茶碗は特別なステータスをもっているようだ。やきもの好きの日本人の少なくとも一部は茶碗好きで構成されているともいえそうだ。

二〇〇三年のことだった。朝食をとるために入った韓国の食堂の壁のポスターが目にとまった。「マクサバル」と大きく書かれたハングル文字の下には井戸《いど》茶碗とおぼしきやきものの写真がいくつか並び、ロクロを回している作陶家の写真が添えられていた。

マクサバルということばはそのとき初めて目にしたのだが、マクは韓国語で「粗末な」とか「雑な」とかいった語感の接頭語である。たとえば駄菓子のことを「マククァジャ」（クァジャ＝菓子）という。サバルは漢字で書けば「沙鉢」で、やきものの碗や鉢を指す。

マクサバルとは「雑な（粗末な）碗・鉢」というような意味になる。しかし、このポスターは現代作家が作った新作の井戸茶碗展を宣伝するためのもので、雑器販売やできの悪い碗だの鉢を展示しようという企画ではない。過去の名品の風格に学んで現代の作陶家が作った芸術的茶碗の展覧会がありますよ、というのがポスターの意味するところである。

このときわたしがいたのは慶尚南道《ギョンサンナムド》の鎮海《ヂネ》市で、釜山《ブサン》の西隣に位置するところだ。折から鎮海では古い窯場が発掘調査されていて、そこからは井戸茶碗風の破片が出土し、日本と韓国の陶磁研究者の間で話題になっていた。わたしもそのとき、その窯址と出土品をみるため韓国にいたのである。井戸茶碗の再興を目指す作陶家からも注目されていたにちがいない。ポスターが宣伝していた展覧会もそのような機運に乗じて企画されたのであろう。

その数日後、日本へ帰る飛行機のなかで手に取った機内誌をめくると、「マクサバル」というハングルの見出しが目に飛び込んできた。内容をみると、井戸茶碗を焼いている現在の窯場の探訪記事だった。

二度続いて遭遇した「マクサバル」という井戸茶碗を表すことば。座右の韓国語辞典にはないから新しい造語ではないかと思われるが、なるほど、韓国の人たちの感覚からすれば井戸茶碗は「粗末で雑な」ものなんだ、というのがそのときの感想であった。日本で、伝世品にしろ現代作品にしろ、井戸茶碗の展覧会を催すとき「粗末な茶碗」というタイト

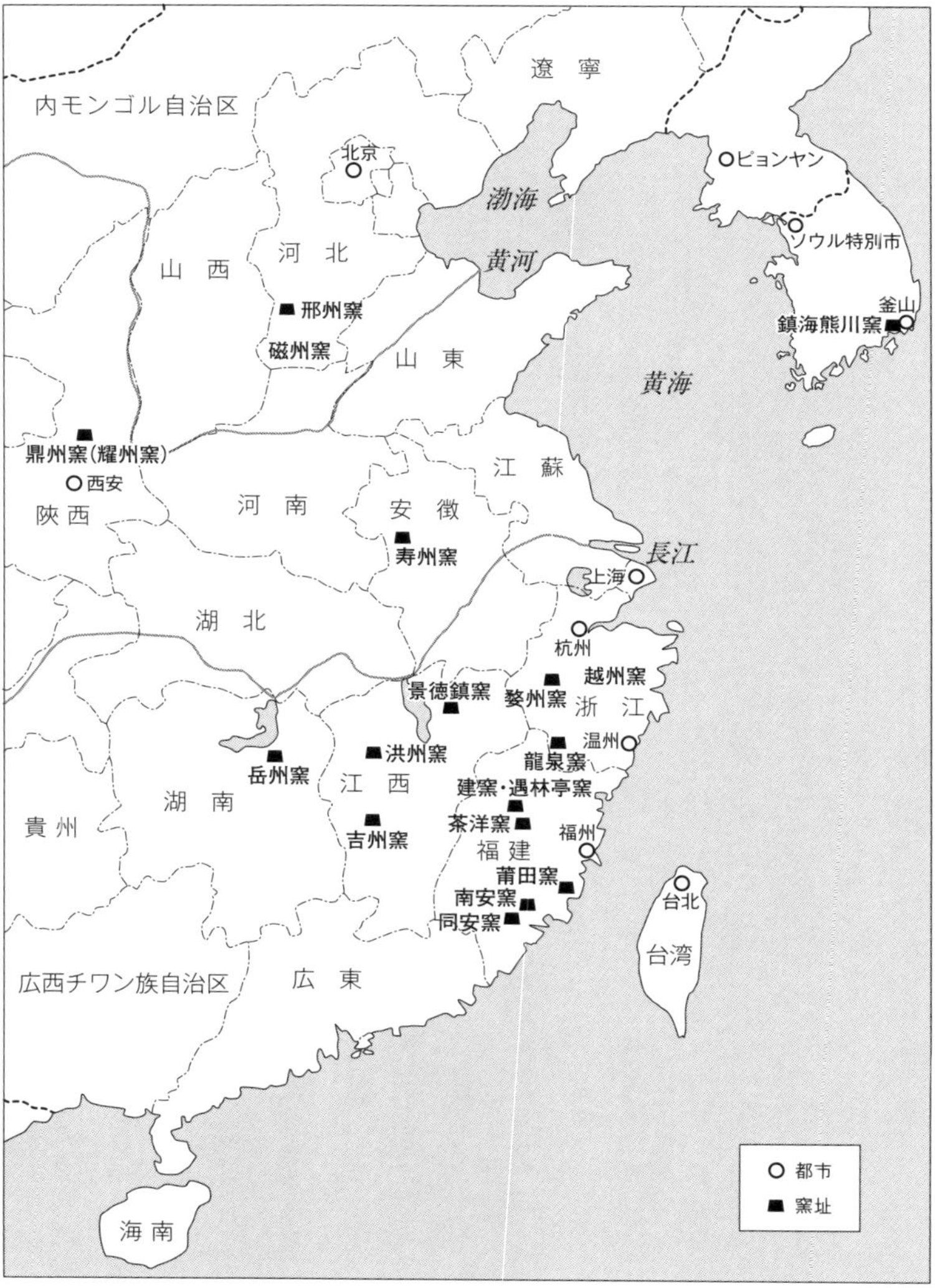

遼 寧
内モンゴル自治区
北京
ピョンヤン
渤海
ソウル特別市
河 北
山 西
黄河
釜山
邢州窯
鎮海熊川窯
磁州窯
山 東
黄海
鼎州窯(耀州窯)
西安
江 蘇
河 南
安 徽
陝 西
寿州窯
長江
上海
湖 北
杭州
越州窯
景徳鎮窯
婺州窯
浙 江
温州
洪州窯
龍泉窯
岳州窯
江 西
建窯・遇林亭窯
湖 南
茶洋窯
貴 州
吉州窯
福州
福 建
莆田窯
台北
南安窯
同安窯
台湾
広西チワン族自治区
広 東
都市
窯址
海 南

ルをつけるだろうか。ありえないことだ。井戸茶碗は普通、伝世品《でんせいひん》はもとより、現代作家による新作でも高価格で売買されることが期待できる茶器である。ただし、「侘《わ》びの茶碗」という表現ならありうる。「侘び」の原義には「貧しい」ということがあるから、「マク」に近い語感になる。マクサバルはこの意味で使っているのだろう。

井戸茶碗というのは、陶磁愛好家や抹茶についてなにがしかを知っている人にはなじみがあるだろう。室町時代の後期、なかでも桃山時代以後、茶の湯の世界で珍重され、重要視されてきたものである。近代以前の朝鮮半島で作られて、日本の茶の湯の世界で使われた茶碗を「高麗茶碗《こうらいじゃわん》」と総称するが、井戸茶碗はそのなかの雄《ゆう》とされる一類である。日本の国宝・重文に指定されているものもあるほか、かずかずの井戸茶碗が日本に伝世している〔口絵1〕。一方、井戸茶碗のなかには先入観なしに見ると、たしかに粗末で雑に見えるものがなくもない。

高い評価と、見方によれば粗末ともいえる風姿。その間には感覚的に大きな落差がある。しかし思えば、そういった落差の感覚はこの旅行で突然に始まったことではなかった。日本の茶器にはどこがいいのかわからないものがある、という疑問は外国人のみならず、日本の知人から何度も発せられたものではなかったか。失礼な言い方を敢えてすれば「素人からの素朴な疑問」である。同時に答えるのがなかなか難しい疑問でもある。アメリカの政治家なら、「いい質問だ」といって、答えをまとめる時間かせぎをするような疑問といえる。

「これが侘びの美意識だ」

「高名な茶人が持っていたという謂《い》われのある大事な品ですよ」

とかいう回答でお茶を濁してきたのではないか？

その落差を論理的に埋め、ことば化する作業を怠っていたな、というのが韓国から帰国する機中での反省だった。たしかにそこには、考えなければならない問題がある。

その後の一〇年以上の間、この問題を折にふれて反芻《はんすう》し、またときどき断片的に話をしたり、文字化しようと試みてきた。本書はその答えとして構想したものである。答えになっているかどうかは読者の判断に待ちたい。しかし、この問題を考えることを通じて、日本文化の一面が少しわかってきたように思う。「茶碗と日本人」という、やや大風呂敷に似たタイトルを掲げた所以であるが、話はしばしば横道、小路にそれて紆余曲折《うよきょくせつ》する。少しまどろっこしい思いを抱かれるかもしれないが、やきものの歴史を考える筆者の雑談《ぞうだん》として読んでいただければ幸いである。

凡例

一　筆者が面識のある人名には「さん」を付け、簡単にそれぞれの方の専門分野に触れた。多くの方が多面的な研究をされているので、当面の話題に関係のある部門にしぼった場合がある。

一　難訓にはできるだけルビを付したが、古い史料に出てくる漢字には別の読み方もありうることが多い。あくまでひとつの解釈として添えたものである。

一　引用文献の書誌情報は巻末の「参考文献」にまとめて掲載した。

茶碗と日本人　もくじ

まえがき　2

序　章　はてなの茶碗　14

第一章　茶碗とはなんだろう？　17

茶碗と湯飲み　18
昔の日本人はどんな器でご飯を食べたのか？　20
「茶碗鉢」や「茶碗壺」？　24
茶の伝来と茶碗　27
唐の茶と茶碗　29
世界最古の伝世品陶磁器は日本にある　32
茶碗には三つの意味がある　35

第二章　外国人が見た茶道具の奇妙な世界　37

姜沆《カンハン》という名の囚《とら》われ人　38
〔コラム1〕姜沆と『看羊録』　39
姜沆が見聞きした桃山時代　40
無茶人の茶人観　42
見立て　44
宣教師が見た茶道具　47

第三章　利休と織部　51

桃山時代の茶人の運命　52
頑固な桃山茶人の意識　53
ひょうげもの　56
織部焼は織部が焼かせたものか？　59
織部好みの代表格・破袋　66
利休と織部の美意識――全きはよろしからず　67

第四章　桃山時代の先端的《アヴァンギャルド》な茶風　73

つらくせ悪い人・山上宗二　74
〔コラム2〕史料が語る山上宗二　75
〔コラム3〕侘茶の起こりと系譜　77
宗二の伝える道具情報――大壺（茶壺）にみる作品解説　78
「はしたて」の壺――しゃれたネーミング　81
天目茶碗とはなにか　83
宗二のいう茶碗を読み解く　86
珠光茶碗　92
〔コラム4〕陶磁器の色と酸化炎・還元炎　95
珠光茶碗と粋な茶事のもてなし　97
珠光茶碗のような同安窯系青磁はたくさんある　99

第五章　侘茶の茶碗が意味するもの　103

茶碗における類概念と個体名称　104
分類体系こそ文化である　107
天下一の井戸茶碗　111
〔コラム5〕井戸茶碗という名前はどこからきたか？　115
井戸の見どころを考える　117
唐茶碗は捨たりたるなり　124
なぜ高麗茶碗だったのか？　126
『君台観左右帳記』にみる唐物の世界　129
茶垸物（磁器）と土之物（陶器）　131
〔コラム6〕『君台観左右帳記』における鼊盞と能盞　134
建盞と天目　134
〔コラム7〕新安沈没船と建盞・天目　136
灰被と黄天目　137
〔コラム8〕江戸時代の天目観　143
織田信長と茶の湯　146

〔コラム9〕織田信長の名物狩りと茶の湯　150

第六章　観者の表現主義　153

美術と個性　154
陶工の名前　156
〔コラム10〕光悦の茶碗　158
流行と表現　161
発見と選択——自己を投影する器物　165
全からざる像　ニケとヴィーナス　170
ミケランジェロのピエタ　172
桃山とルネサンス　176

第七章　人間的な、あまりに人間的な器　179

手取り　180

手にとる器と手にとらない器　182
器物の擬人化　184
人はなにに惚れるか？　188
命銘と箱書　190

終　章　日本における外来文化のモデルと茶　194
「無一物」との出会い　194
唐物、高麗物、和物　198
文禄・慶長の役とやきもの　201
茶の湯と異国の文化　203

あとがき　206
参考文献　210

序章　はてなの茶碗

『はてなの茶碗』という噺《はなし》がある。

東京でも古今亭志ん生《ここんていしんしょう》（五代目、一八九〇～一九七三）などが演じていたが、もともとは上方《かみがた》落語だそうで、桂米朝《かつらべいちょう》がさすがの風格で語った録音を聞いたことがある。噺の舞台は京都である。ご存じの向きも多かろうが、ざっと筋書きを述べおきたい。

清水《きよみず》の音羽《おとわ》の滝の前にある茶店で休んでいた有名な道具商「茶金《ちゃきん》」のあるじが、出された茶碗をしげしげと眺めている。ただ見るだけでなく、すかしてみたり、底をのぞいたりして首をひねったあげく、「はてな」というと、その茶碗と茶代を置いて立ち去る。たまたまそばで一服しながらその振舞いを見ていたのが行商の油屋で、あるじが立ち去るやいなや、茶店の主人にその茶碗を譲れという。主人も茶金が目をつけた茶碗だから、これはカネになるかもしれないと思い、なかなか承知しないのを油屋は手持ちの二両をおいて強引に持ち帰る。油屋はこの茶碗を桐箱《きりばこ》に入れたり更紗《さらさ》の風呂敷に包んだりして、数日後、茶金の店先に持参して鑑定を頼んだところ、清水焼《きよみずやき》でもいちばん安物の大量生産の茶碗に過ぎず、しかも新品でもないのでタダも同然のものといわれる。ではなぜあるじがあれほど注意して見ていたのかと問いつめる油屋に茶金のあるじは、あの茶碗、茶が漏《も》るのにキズがどこにも見当たらず、それで不思議に思って「はてな」と考えこんだのだという。しょげかえる油屋を気の毒に思ったあるじは、油屋が費やした二両に一両を足して、三両のカネでその茶碗を買い取る。しばらくしてあるじが出入りの関白《かんぱく》さまのところに伺ったとき、近ごろ経験したおかしな話としてこの一件を披露《ひろう》すると、関白さまがその茶碗を見たいと言い出され、お見せしたところさらさらと狂歌を添え書きし、この話がお公家さんの間で評判になった結果、天皇のお耳にまで達してご覧に供するという事態に発展する。天皇までがおおいに興じられて、「はてな」という箱書《はこがき》まで下さり、ついにその茶碗が豪商の求めで千両にまでなる……。

まあこんな展開である。

落語の作者が、この噺にどのような意図を込めたのかなどと考えるのは野暮《やぼ》の骨頂《こっちょう》といわなければならないが、背景にいわゆる骨董品《こっとうひん》、なかでも茶碗の価値付けに関する一般的な「はてな」の感覚があることはたしかだろう。なにが値段の根拠なのかがわからないし、どこがよいのかもわからないものが高額で取引されているではないか？　ときにはどう見てもキズ物であるものが高額であったりもするが？　そういった漠然と、ただし広く共有されている疑問である。

さらにまたそこには、とくに茶碗に代表される茶道具類には、道具それ自体の価値とはべつに、添え状だの箱書だのが大きく価値・値段を左右する「ヘンな」習わしがあって、ふつうの美術品売買ともいささか異風である、といった感情が横たわっているようである。

この『はてなの茶碗』の茶碗は、茶店で供されたものだから、番茶でも飲ませるもので、抹茶茶碗ではないかもしれないが、茶の湯や抹茶茶碗はいくつかの落語で人びとの笑いを引き出す材料となっていて、そのなかには案外、日本における茶碗という存在の本質をついたような問題をはらんでいる。少なくとも茶碗という存在を考えるヒントが隠されているように思われる。このあとも少し落語のネタを拝借することがあるが、とりあえず茶碗ということばの「はてな」から話を進めていこう。

第一章　茶碗とはなんだろう？

茶碗と湯飲み

ときどき周囲の人に訊いてみることがある。

「あなたは何にご飯をよそって食べますか?」

たいていの人からは、「茶碗です」という答えが返ってくる。

つぎに「お茶を飲む器はなんですか?」と訊いてみる。

「湯呑みです」というのがおおかたの返答である。

ご飯を食べるときの器を「飯碗《めしわん》」という言い方がないことはない。しかし、日常の生活では、たいてい茶碗でご飯を食べて、湯呑みでお茶を飲むことになっている。あらためて考えると、器の名称と内容物が一致していない。

試みに手近にある『大辞泉』をひいてみると、「茶碗」の第一義として「茶を入れ、または飯を盛る陶磁製の碗」とある。「ゆのみ」をひくと、「湯呑み茶碗」の略とあって、さらに「湯呑み茶碗」の項を見ると、「湯茶を飲むのに用いる小ぶりの茶碗」だと説明されている。これで問題はないのであるが、あるとき、ひょいとこのことばづかいが気になりだした。

辞書的にいえば、ご飯を盛る碗は飯茶碗から飯をとると茶碗になり、湯呑み茶碗から茶碗を外すと湯呑みになるということで、めでたく解決するのかもしれない。しかし、冒頭の問いに「飯碗」、次の問いには「茶碗」と答えるほうが理にかなっているはずだが、どうしてそうなっていないのか？

だいいち、飯茶碗ということばもヘンといえばヘンである。漢字の日本語読みに少し習熟した外国人がこの三文字を見れば、飯茶＋碗なのか、飯＋茶碗なのか判断に迷うにちがいない。先入観なしにこの文字を見ると、茶漬けのような食品を入れる器と考えるほうが素直であろう。

湯呑みというのはわからないでもない。茶は、昔はぜいたく品で、食事のあとは水かせいぜい湯を食器に注いで飲んでいたはずである。器の中にくっついたものも残さず食べ、あわせて食器洗いを簡単にするというモッタイナイ精神の発露でもあった。私が子どもだった頃（なんと前世紀の前半ということになる！）もそうだった。第二次世界大戦直後の貧しい時代だったせいもある。その後、食後の飲み物は水や湯から番茶に昇格したが、やはりご飯を食べたあとの碗に注いで飲んでいたものである。ひとつの碗が飯碗と茶碗を兼務していたことになる。まさに『大辞泉』の定義どおりのことを実践していたわけだ。飯＋茶＋碗ということで、内容物と器名が一致する。

ただし、『大辞泉』の説明のなかに少し気になることばがある。それは茶碗が「陶磁製の碗」だとされていることである。たぶん、この説明には漢字上の前提があって、「碗」という字が石偏《へん》で書かれている。「椀《わん》」とか「鋺《わん》」いう文字ならば、こういう説明はなかっただろう。しかし、なお頭のなかで少しひっかかるものがある。茶碗ということば・文字のなかには複数の意味が内包されているのである。そのことをまずみておきたい。

昔の日本人はどんな器でご飯を食べたのか？

家にあれば　笥《け》に盛る飯《いい》を　草枕　旅にしあれば　椎《しい》の葉に盛る

大化の改新にまつわる一連の事件のなかで、反逆の罪に問われて絞殺された有間皇子《ありまのみこ》が旅の途上に詠んだ歌である。

家にいたなら笥でご飯を食べるのだが、旅の途中なので椎の葉にのせて食べるのだなあ、といった内容である。この歌が掲載されている『万葉集《まんようしゅう》』では挽歌《ばんか》に入れられている。皇子が捕らえられて護送される途次、死の直前に詠まれた歌だという。背景を知り、ひとりの貴公子の運命を思えば、この歌にひときわあわれを催すが、いまここで述べたいことははなはだ散文的だ。歌はことばを飾るから、この歌が皇子の日常をどの程度正確に反映しているかはわからないが、そのまま読めば、皇子はふつう笥でご飯を食べていたらしい。

笥というのは、いまでは死語に近いが、碁石《ごいし》をいれる通常丸型の刳《く》りぬきの木箱を指す「碁笥《ごけ》」という形で残っている。文字だけなら箪笥《たんす》のスで、もともとは竹や葦《あし》で編み、食べ物や衣類をいれた箱のことをいう。「け」というのが日本の固有語で、「ス」は中国語由来の音だろう。有間皇子のいう笥が木器だったのか、編み籠《かご》だったのか、わたしにはわからないが、やきものではなかったはずである。類似性のある植物素材の器としては、いまでも民芸品などに残っている編み籠の弁当箱がある。また、わっぱ飯は薄板を円筒形にした曲げ物が使われる。とくに根拠があるわけではないが、有間皇子が日常使っていた笥は木器だったのではないかと想像している。日本は木の国で、木材を刳りぬき、内外面を削った椀が皇子にはふさわしいような気がする。

木製の椀については「ゴキ」ということばがある。

漢字では「御器」と書いたものだろう。文字どおり器の丁寧語で、もともとは貴人が使う器物をいった。しかし、ことばは不断に下落するという法則がある。経済学の世界では「悪貨は良貨を駆逐《くちく》する」法則があるが、ことばはそれ自体が悪化していく。貴様《きさま》だの御《お》前《まえ》だのというのは、いまでは下手に使うと喧嘩沙汰になりかねないけれど、本来は相手を立ての呼び方だ。ゴキだって、初めは高級な器を指していたのだが、時とともに粗製の木椀をいうまでに下降していった。

満岡忠成《みつおかただなり》さん（滴翠美術館館長・故人）の『日本人と陶器』という本のなかに、江馬三枝子《えまみえこ》という人の「ゴキとワン」という岐阜県での民俗学調査報告が引用されている。用字用語を現在風に勝手に改めて孫引きをさせていただくと、「高山《たかやま》付近でゴキについて聞くと、……木地《きじ》を塗ったものが椀で、塗らずに白木地のままのものをゴキと云う。……白川村あたりでは塗椀《ぬりわん》を使うようになっても名称だけは昔のままに伝わって来ていたものと見える」のだそうだ。

江馬さんによると、白川村では塗り椀も白木の椀もゴキというようになったが、本来のゴキは塗りのない素朴なタイプだったことがわかる。このことばもケと同様、現在では死語に近いが、その痕跡は少しいまに残っている。ゴキブリである。

夜な夜なまかり出てゴキなる器にこびりついたご飯の残りなどをカブルのがゴキカブリ、すなわちゴキブリだという。カブルとは「齧る《かじる》」と同義である。この説が正しいとすると、ゴキブリということばが発生したときのゴキはすでに御器の地位が下落したあとの剥げた漆塗りか白木地の器で、残飯がくっつきやすいものだったにちがいない。

笥といい、御器といい、日本人は古代以来永らく植物素材の器でご飯を食べてきて、そのなかでも、漆の有無はともかく、木椀が食膳の主役だった時期が長かった。その名残は味噌汁などを入れる汁椀《しるわん》にみられる。大陸系の文化が濃厚な正倉院《しょうそういん》には金属性の鋺《かなまり》が残っているが、そういったものが広く普及することはなかった。

いっぽう、現在ご飯を食べる器の主流は陶磁器、なかでも白磁《はくじ》系の磁器碗ではなかろうか。幼児用や食堂の飯茶碗・汁椀には安価で破損しにくいプラスチック製が多くみられるが、中高年者のいる家庭では磁器碗が普通だろう。少し前——五〇年ほど前とでもしておこうか——、日本家庭の一般的な食卓風景は、磁器製の飯碗、漆器の汁椀に磁器か陶器の皿・鉢が並ぶというものだった。いまでもそういう光景はなお多く残っているはずである。少なくとも老夫婦のわが家ではそうなっている。

この飯碗と汁椀の使いわけはたぶん熱伝導の問題もあって、熱い味噌汁や吸い物を飲む場合、磁器だとじかに熱さが手に伝わってしまう。木器ならそんなことはない。ご飯の場合は炊きたてでも器に盛れば持てないほど熱くはない。磁器のほうが、表面が滑らかで洗いやすく、ご飯粒もくっつきにくいから、ゴキブリの餌を減らすことができる。飯碗として磁器が普及したのは、まあ、そういったところではないかと考えている。

ではいつ頃から陶磁器の碗でご飯を食べるのがふつうになったのか？

大雑把《おおざっぱ》にいえば、一七世紀後半以降、京焼《きょうやき》や佐賀県産の肥前《ひぜん》磁器、いわゆる伊万里焼《いまりやき》が都市部から始まり一般化して以後のことではないだろうか。陶磁器製の飯茶碗——それがご飯を食べる「茶碗」だったのではないかと思う。かなり推測が混じるが、多少のヒントらしきものがないではない。

「茶碗鉢」や「茶碗壺」？

二〇〇三年、上野の東京国立博物館で「鎌倉——禅の源流　建長寺《けんちょうじ》創建七五〇年記念特別展」というやや長いタイトルの展覧会があった。栄西《えいさい／ようさい》禅師ゆかりの品々が展示されていて、『喫茶養生記《きっさようじょうき》』（神奈川県・寿福寺《じゅふくじ》蔵）も出品されていた。酒ばかり飲んで二日酔いに悩んでいた将軍源実朝《みなもとのさねとも》に栄西が酒よりも茶や桑《くわ》が健康にいいからそれらを摂取するよう奨めた、あの本である。そのほか鎌倉にちなむ青磁などのやきもの、京都の禅寺からの出品などなど。蘭渓道隆《らんけいどうりゅう》はじめ頂相《ちんぞう》（高僧の肖像画）の数々が見られたのもよかった。もりだくさんの大展覧会だったが、そのなかに、まえから見てみたいと思っていた『仏日庵公物《ぶつにちあんこうもつ》目録《もくろく》』（神奈川県・円覚寺《えんがくじ》蔵）があった。仏日庵というのは円覚寺の塔頭《たっちゅう》で、この文書はその財産目録である。長さ四・五メートル近い巻物であるから、全体がひろげられていたわけではない。が、うまい具合に、ここでお話ししようとする部分は見えるように展示され

ていた。偶然ではない。当然、そこを見てくださいよ、というのが主催者の意図である。どんな部分かというと、

茶垸鉢一

と書かれているあたり。垸という字は、本来は「かん」と読んで、漆と灰を混ぜて塗るとか、転がるといった意味である。しかしこの場合は、碗と同じ意味で使っている。茶垸と書くと日本では「ちゃわん」と読むことになっていて、茶碗の箱書きにも「茶垸」とある例は多い。というわけで、茶垸は茶碗である。鉢はもちろん鉢で、碗と鉢が繋がるヘンな表現にみえるが、べつに書いた人がまちがったわけではない。この場合は、「茶碗の鉢」と読まなくてはいけない。なるほど、茶碗に使った鉢か、というとちがう。ここでは茶垸（茶碗）は磁器を意味しているのである。すなわち「茶垸鉢一」とは「磁器製の鉢が一個」ということになる。

この行の少しまえのほうを見ると、「青磁花瓶香呂一対《せいじかびんこうろ》」という表現がいくつかある。これは文字どおり、セットになった青磁の花瓶と香炉のことである。とすると、茶垸は、ここでは白磁を意味している、というのが先人の解釈で、そのとおりであろう。

現存の『仏日庵公物目録』は、元応《げんおう》二年（一三二〇）の目録をもとに貞治《じょうじ》二年（一三六三）に所蔵品を再調査して作製された目録だそうだから、鎌倉幕府が滅亡して三〇年を過ぎた南北朝時代のものであるが、「茶垸」についてはもっと先立つ例がある。『仁和寺御室御物実録《にんなじおむろぎょぶつじつろく》』という仁和寺に納められた宇多《うだ》天皇（九三一年崩御）御遺愛品のリストとされるもので、天暦《てんりゃく》四年（九五〇）に整理したといわれるから平安時代も早いころの記録である。この『実録』は写真でしか拝見したことがないが、「青茶垸提壺《あおじゃわんていこ》」とか「白茶垸蓮華形壺《れんげがたつぼ》」とかの記述がある。

これらについて東洋陶磁史研究者の長谷部楽爾《はせべがくじ》さんは、青茶垸、白茶垸はそれぞれ青磁、白磁を指すものとされている。日本の古代、中世文書に出てくる茶垸、茶碗ということばは、やきものの分類を意味していることがかなりあって、そのまま茶の容器と解釈すると辻褄《つじつま》があわないケースがあり、その場合「磁器製の」と翻訳しなければならない。一六世紀以前に国産の磁器はなかったから、これらは当然、舶来品、すなわちほぼ中国製品と解してまちがいない。それが古代・中世日本人にとって「ちゃわん」の意味のひとつだった。ここで「ほぼ中国製」というのは、朝鮮半島製の高麗青磁も一一世紀以後には日本に入っていて、それらも少量含まれていた可能性がなくもないからである。

どうして茶碗が磁器を意味することになったのか？

これは日本人（に限らないけれど）が外来文化を受容する際にしばしば経験してきたインプリンティング（刷込み）の一例であっただろうと思う。どんな経緯で刷り込みが生じたのか？

茶の伝来と茶碗

茶碗は、ことばとして、なによりも茶を飲むための器でなければならない。茶というものがなければ、茶碗なる語自体が存在する理由はない。そこでまず、日本にいつ茶が入ってきたのかが問題となるのだが、これについては確証がない。正史の上で初出とされるのは弘仁《こうにん》六年（八一五）、嵯峨《さが》天皇が近江《おうみ》（滋賀県）の韓崎《からさき》（唐崎）に行幸された際に大僧正《だいそうじょう》永《えい》忠《ちゅう》が「手《て》自《みずか》ら茶を煎《せん》じ奉御《ほうぎょ》」したという記事（『日本後紀《にほんこうき》』）である。茶の歴史を研究した布目《ぬのめ》潮渢《ちょうふう》は、この記事を引きつつ、「弘仁四年から六年にかけて、明瞭な飲茶に関する記事が突如として続々登場」することを述べている。弘仁年間というのは最澄《さいちょう》や空海《くうかい》が唐から帰国した少しあとで、当時はまだ新都というべき京都周辺には唐風の文化が陸続と入ってきていた。永忠もまた入唐僧《にっとうそう》である。

嵯峨天皇が永忠の煎じた茶を召されたのは四月二二日のことであるが、六月三日には、

「畿内ならびに近江・丹波《たんば》・播磨《はりま》（兵庫県）などの国に茶を植え、毎年これを献じるようにさせた」とある。このような記録が残っているところをみると、当時は茶がごくごく限られた寺院などにしか存在しなかったことを窺わせる。この指示によって、茶がどの程度の広がりをみせ、栽培がその後も続いたのかわからないが、弘仁のころ、日本にも茶の文化が多少は浸透しようとしていた。

　平安時代の九世紀初めころに茶が一部で飲まれていたことはたしかであるが、これが実際に日本における最初の茶だったかといえば、おそらくそうではない。

『師光年中行事《もろみつねんじゅうぎょうじ》』という史料に奈良時代の聖武《しょうむ》天皇のころ、神亀《じんき》五年（七二八）に「造《ぞう》茶使《ちゃし》」、天平《てんぴょう》元年（七二九）に「行茶事」と茶のつく文字が出ているそうで、庭園や茶道史を研究した重森三玲《しげもりみれい》その他の人が引いている。また陶磁史研究家で茶の伝統に詳しい林《はやし》屋晴三《やせいぞう》さんは『奥義抄《おうぎしょう》』の天平七年（七三五）の条にやはり聖武天皇が禁庭《きんてい》に百僧を召して大般若経《だいはんにゃきょう》を講じさせた後に茶を賜ったという記事があることから、「中国から喫茶の風習がもたらされたのは、奈良朝のことであったと考えられる」としている。

　これらの史料の記載が事実とすると、永忠が嵯峨天皇に茶を献じたのよりほぼ百年前、奈良時代の早い段階で日本でも茶の存在が知られ、一部では飲まれていたことになる。

　ただし文献には当然、限界がある。正史といえども事実のすべてではないし、事実が述べられているとも限らない。いささか不謹慎なたとえでいえば、文献には犯罪捜査での自白に近いようなところもないではない。ここは物証が欲しい局面であるが、茶のような有機物は古い遺存《いぞん》を確認するのがむずかしい。見込み捜査のようになるが、茶碗ということばが中国製の磁器を指していたことを前提に考えると、日本に古く入ってきた中国製磁器のなかに茶を飲む器があれば、それらこそ日本人にとって茶碗との遭遇であった。茶碗は単なる磁器として日本にもたらされたのではなく、茶とセットをなして輸入されたはずで、だからこそ茶碗として意識されたにちがいない。そのことが「茶碗＝磁器」という図式で日本人にインプリントされた契機であったと考えられるのである。それらはどんな茶碗だったのだろう？

唐の茶と茶碗

奈良時代と同時期の、八世紀の中国の茶碗をうかがうことのできる史料がある。陸羽《りくう》が書いた『茶経《ちゃきょう》』である。これはよく知られるように、茶に関する世界初のエンサイクロペディアで、この書がいつ著わされたかについては細かい議論もあるようだが、異論はあっても八世紀の中葉であろうというのがほぼ一致した見解である。

『茶経』のなかで陸羽は「盌《わん》」という項目を立てて、茶碗の優劣を論じている。盌は碗と同義である。これによると「盌は越州《えっしゅう》が上で、鼎《てい》州が次ぎ、次は婺《ぼう》州、その次は岳《がく》州、次は寿《じゅ》州・洪《こう》州である。人によっては邢《けい》州を越州の上におくが、けっしてそうではない」とある。ここで州のつく地名はいずれも当時の窯場の所在地で、邢州は白磁を焼いた窯であるが、大雑把《おおざっぱ》にいえば他は青磁系の窯である。

陸羽は茶碗としては青磁を推奨し、いっぽう、白磁がいいと考える人もいたことがわかる。陸羽は、茶碗として越州が邢州より優れている理由のひとつに茶の色を挙げていて、邢州の碗では白いので茶が丹色《に》（赤）になるが、越州なら青いから茶の色は緑になると述べている。

では、茶色とはそもそも何色か？

こういうと、「茶色は茶色でしょう」という答えが返ってきそうだ。ふつう茶色は褐色系の色をさす。しかし、茶の色すなわち茶色は少々やっかいな問題なのである。現代の日本人にとって、代表的な茶の色はグリーンではなかろうか。緑茶の色がそれである。抹茶も緑色をしているが、これは近世以後に一般化した高級茶の色だ。番茶は褐色に近い。いっぽう、唐代の茶の色はどうだったのだろう。

陸羽は白磁だと茶が赤くみえるというのであるから、褐色系であったように思える。まさにいまの日本語でいう茶色である。しかしいっぽうで青磁なら緑にみえるという。青の上において緑にみえるなら黄色系統ということになる。ただし、唐代の青磁はかならずしも青くない。もちろん青みはあるのだが、淡い褐色ぎみのものもあれば、灰色がかったもの、緑っぽいものもある。

一九八七年、中国・陝西《せんせい》省の扶風《ふふう》県で風雨によって法門寺というお寺の塔が倒壊する事件があった。扶風県は唐の都長安《ちょうあん》（現在の西安《シーアン》市）の西方に位置している。西安から『三《さん》国演義《ごくえんぎ》』の英雄・諸葛孔明《しょかつこうめい》が死んだ古戦場として有名な五丈原《ごじょうげん》に向かう途中の北側にあたる。この塔は明《みん》代の建築であるが、倒壊を機会に調査が行なわれ、塔の地下に唐時代の宝物を納めた遺構のあることがわかった。調査者は「地宮」と表現している。地下宮殿のような施設ということである。おびただしい絹《きぬ》織物、金銀器や陶磁器などが発見された。それもそのはず、ここは唐の皇帝がお寺に奉納した品々を保管する宝蔵だったのである。

これらの奉納品《ほうのうひん》にはひとつの石製碑文《ひぶん》が添えられていた。碑文のタイトルは長くて、音読すると舌を噛みそうだ。「監《かん》送《そう》真《しん》身《しん》使《し》随《ずい》真《しん》身《しん》供《く》養《よう》道《どう》具《ぐ》及《および》恩《おん》賜《し》金《きん》銀《ぎん》衣《い》物《ぶっ》帳《ちょう》」という。真身というのはお釈迦さまの舎利（骨を意味するが、この遺跡では水晶が納められていた）で、それを供養するために納めた道具と皇帝から贈られた衣類・金銀器の目録である。陶磁器はタイトルにないが、目録には記載されていて、発見された遺物とほぼ一致する。白磁と青磁があって、青磁は「秘色《ひそく》」と表現されていた。これが越州窯の青磁に対する美称であることは詩文で知られていたが、実物と文字がセットで確認された唯一の例である。ちなみに、日本では『源氏物語』など平安文学以来、秘色を「ひそく」と読んできたので、ここでも「ひそく」としておく。

この法門寺の秘色青磁はいずれも端正な形のうえに釉薬《ゆうやく》がなめらかにかかった優れた作風である。時代は九世紀、アジアに君臨した大唐帝国も斜陽の時代であったが、さすがにみごとな品物が寄進されていた。青磁も当時の最高級品だったと考えられるが、色は鮮やかな青ではなく灰青色《かいせいしょく》というに近い。

世界最古の伝世品陶磁器は日本にある

もうひとつ青磁の色について身近な具体例をあげる。

法隆寺献納宝物《ほうりゅうじけんのう》に「丁子壺《ちょうじこ》」といわれる壺〔図1〕がある（東京国立博物館蔵）。江戸から明治への転換期である明治元年《めいじ》（一八六八）に出た「神仏分離令《しんぶつぶんりれい》」は廃仏毀釈《はいぶつきしゃく》を誘発し、日本仏教界にとって法難の時代ともいうべきときがしばらく続いた。このときに起きた仏像その他の破壊や海外流出はおびただしいものがあった。明治一一年に法隆寺が皇室に多くの宝物を献納したのも、そのような時代背景と無縁でないが、法隆寺伝来の品々の一部が皇室を経て、東京国立博物館の保管するところとなった。それが法隆寺献納宝物といわれるものである。

そのなかに青磁の壺があって、天平一九年（七四七）の『法隆寺伽藍《がらん》縁起《えんぎ》幷《ならびに》流記《るき》資材帳』なる文書に記載されている丁子を入れた容器と一致すると考えられている。丁子というのは東南アジア原産の植物で、この場合は仏さまに捧げる香料（丁子香）である。この壺が唐代初期の越州窯ないしその系統の窯の産物と考えられるもので、その後の青くて光沢の強い青磁から見ると、「これも青磁？」という感がしないでもない。緑褐色《りょくかっしょく》とでもいうような色をしている。青磁の色は時代により、生産場所により、焼き加減によりさまざまである。陸羽が越州窯というときどのような青磁色をイメージしていたのか？後世の多くの青磁のように青みが冴《さ》え

図1　丁子壺《ちょうじこ》
東京国立博物館蔵
七世紀頃の中国浙江省の産（越州窯）だろうと推定される。

たものではなかっただろう。

ついでにいうと、この壺は世界最古の伝世陶磁器とされるものである。世に唐代以前の古いやきものはたくさんあるが、多くはお墓やその他の遺跡から出てきたもので、代々にわたって生身の人間とともに地上に伝わってきたものではない。正倉院の宝物や、茶器として日本に伝世したものが尊いのは、天変地異、戦乱、取り扱いの不備その他もろもろの危機を潜り抜けて器物としての命をながらえていることも大きな理由で、近隣諸国を歩いてみると、そういうものが豊富に残った僥倖《ぎょうこう》ともいえる日本の過去をありがたいと思わないわけにはいかない。

唐代の白磁の白も一様ではないが、邢州の白磁は現代人がイメージする白磁に近い色として大過ないだろうと思う。陸羽は結局、茶の色として「緗《そう》」という難しい字を当てている。これは浅葱《あさぎ》色と解されるが、当時の茶色は薄い黄褐色だったのではないだろうか。ともあれ、唐の時代の茶碗としては越州窯の青磁や邢州窯の白磁が尊ばれていたらしい。そして、日本の八〜九世紀の遺跡からもそういった青磁や白磁の碗が出土するのである。それらがすべて茶を飲んだ茶碗であったとはかぎらない。しかし、奈良時代から平安時代の初めにかけて、聖武天皇や嵯峨天皇の周囲で飲まれた茶が中国製の青磁や白磁の茶碗に入れられた可能性は高い。実証というにはほど遠いが、「茶碗＝磁器」というインプリントのもとはこれらの中国製碗であったと考えている。

茶碗には三つの意味がある

結局、茶碗ということばには大雑把にいって三種の用法のあることがわかる。
一、磁器を意味することばとしての茶碗。これはもともと中国から到来した茶とセットになった碗が磁器製であったことに由来するらしい。
二、茶を飲むための器としての茶碗。こちらは内容物と器が一体化したことば本来の用法。
三、ご飯を盛る器としての茶碗。
この用法は、飯茶碗の略体と解釈できる。

しかし略すなら「茶」をはぶいて飯碗としてもよかったはずだ。ここに茶の字が残ったのはなぜか？

それは先にもちょっと触れたように、一の意味の茶碗の用例は中世文書にまで残っているから、「茶碗＝磁器」という観念は近世に入っても底流として日本人の頭のなかに流れていたにちがいない。近世初頭の一六〇〇年前後まで日本製の磁器はなく、それまで日本に存在する磁器は圧倒的に中国製が多かった。中世の訴訟文書などに「茶碗瓶《へい》」といった用語が散見されるのは、舶来の高価な財産として磁器が意識されていたためであろう。飯茶碗における「茶碗」には、おそらく古代以来の「磁器＝茶碗」の観念が残響のように低音を奏でているのではないだろうか。

日本人にとって茶碗ということばは、茶を飲む中国製の磁器に始まり、近世以降はご飯を盛る器として日常生活のなかに浸透していった。本書では主として抹茶茶碗を中心に茶碗の歴史的な展開をも考えるが、そのなかに現在まで続く茶碗というモノがもつ日本的な意味がみえてくるはずである。

第二章　外国人が見た茶道具の奇妙な世界

姜沆《カンハン》という名の囚《とら》われ人

一五九七年、朝鮮半島は豊臣秀吉《とよとみひでよし》の命による日本からの二度の出兵の後半、いわゆる慶《けい》長《ちょう》の役（韓国ではその年の干支から丁酉倭乱《ヂョンユウェラン》という）のさなかにあった。全羅《チョッラ》道で朝鮮軍の兵糧の運送を監督していた姜沆〔図2〕は、大挙進攻してきた日本軍に自軍が敗れたのにともない、一族郎党とともに海に逃れたが、現在の韓国全羅南《チョッラナム》道霊光《ドヨングァン》郡の沖合いで藤堂高虎《とうどうたかとら》の水軍に捕らえられる。子どもたちを殺され、愛妾《あいしょう》は水際に捨てられるというありさまで、姜沆はかろうじて残った少数の親族といっしょに対馬《つしま》、壱《い》岐《き》、下関《しものせき》を経て、当時、藤堂家の居城のあった伊予《いよ》（愛媛県）大洲《おおず》に連

図2　姜沆像
彼の郷里である全羅南道霊光郡の姜沆ゆかりの内山《ネザン》書院にある。

れてこられ、そこに留められた。

彼は臨時の文官として働いていた人だったので、軍人の捕虜とはべつに、一種の軟禁状態におかれた。多少の自由は許されたようで、この地で僧侶と詩の贈答をしたこともあった。その後、藤堂藩は彼を太閤《たいこう》秀吉のお膝元である伏見に移した。帰国しようという熱望のもとに姜沆が脱走を試みたりして、処置にこまった結果だったという。殺すのには惜しい学者であったことは藤堂藩の人びとも理解していたにちがいない。伏見での姜沆は、やはり多少の自由を許されて、禅宗・儒教《じゅきょう》を学ぶ民間学者の藤原惺窩《ふじわらせいか》（一五六一〜一六一九）と親しく交わるなどしていたが、秀吉の死後、ようやく帰国がかなった。

姜沆の主著のひとつに『看羊録』がある。この本はもともと、一年半余の日本軟禁中に見聞したことについて朝鮮朝廷に報告した内容を、弟子が編纂したものである〔コラム1〕。

〔コラム1〕姜沆と『看羊録』

看羊というのはヒツジを飼うことだが、これは中国・漢《かん》代の故事に由来する。前漢・武帝《ぶてい》のころは北方の匈奴《きょうど》が強く、しばしば漢の領土を侵した。彼らの騎馬戦術に頭を悩ました漢の朝廷では良馬を求めて蘇武《そぶ》を西方に派遣する。しかし蘇武は捕らえられて帰国できなくなり、バイカル湖のほとりでヒツジを飼って暮らした。これが看羊だ。

姜沆が日本から帰国する途中の詩にも「北海に羊を飼う」という句があって、対馬海峡を蘇部が眺め暮らした北海（バイカル湖の漢名）になぞらえたのである。蘇部は二〇年の後に帰国することができたから、幽閉から帰国の途にあった姜沆は蘇部にみずからを重ねて感慨にふけったことだろう。姜沆の弟子たちは師の心情を思いやって、その文集に『看羊録』という題を付けたのだ。

文禄・慶長の役（韓国では前者を壬辰倭乱《イムヂンウェラン》という）の直後であり、本人の悲惨で屈辱的な経験を踏まえた記録であるから、『看羊録』の日本に対する批判は強いが、同時に自国の防備の欠点などをも冷静に指摘している。また、日本の地勢、大名たち、日本人の性情、風俗など、説くところは多岐にわたって豊富で、その広い情報収集ぶりと高い知性をうかがうことができる。現在、大洲城に姜沆顕彰碑が立つ。

姜沆が見聞きした桃山時代

この『看羊録』の「倭《わ》の風俗」について上申した一文のなかに次のような記述がある。

「倭俗（日本の風俗）では、あらゆる事がらや技術について、必ずある人を表立てて天下一とします。ひとたび天下一の手を経れば、甚だしくつまらない物であっても、必ずたくさんの金銀でこれを高く買い入れ、天下一の手を経なければ、甚だ精妙であっても、ものの数ではありません。（中略）堀田織部《おりべ》なる者がいて、ことごとに天下一を称しております。花や竹を植えつけたり、茶室をしつらえたりすれば、必ず黄金百錠を支払って〔彼に〕一度鑑定を求めます。炭を盛る破れ瓢《ひさご》、水汲み用の木桶《きおけ》でも、もし織部がほめたとなれば、もうその価は論じるところではありません」（朴鐘鳴訳による。〔　〕内は筆者の補記）

　ここに出てくる「堀田織部なる者」とは、古田《ふるた》織部正重然《おりべのしょうしげなり》（一五四四〜一六一五）、ふつう古田織部とよばれている人物のことではないかというのが大方の解釈で、私もそのように推測する。その当時のお茶に関わる天下一の鑑定家としてはほかに考えようがない。虜《りょ》囚《しゅう》の身だった姜沆が姓を聞きちがえたか書きまちがった可能性が高い。姜沆が伏見に囚われていた慶長の初め頃、すなわち一六世紀末に古田織部は茶の湯の名人として知られていた。日本のさまざまな情報に注意を払っていた姜沆の耳に織部の噂がなにかと届いていたのだろう。ただ、その伝聞は姜沆にとって奇異と感じられる内容を多分に含んでいた。「日本の茶の湯とは、まことに奇態《きたい》なるもの」と彼は思ったにちがいない。「炭を盛る破れ瓢、水汲み用の木桶」に大金を支払うとはなんということか。それが織部にまつわる話から触発された姜沆の率直な感想だった。

　よく知られているように儒教は朝鮮時代の政治的・社会的バックボーンをなした思想で

ある。儒学者《じゅがくしゃ》であった姜沆の目に、卑俗と思えるような器物にこだわる茶の湯なるもののありかた自体、おおいにいかがわしく映じたことは疑えない。

無茶人の茶人観

これはしかし、姜沆の感覚のほうをふつうとすべきかもしれない。茶の湯の価値観はちょっとヘンではないの？　というのは、大きな声ではいわなくても、かなり一般的な感想ではなかろうか。

夏目漱石《なつめそうせき》の『草枕《くさまくら》』に次のようなくだりがある。

「茶と聞いて少し辟易《へきえき》した。世間に茶人程勿体《もったい》振った風流人はない。広い詩界をわざとらしく窮屈《きゅうくつ》に縄張《なわば》りをして、極《きわ》めて自尊的に、極めてことさらに、極めてせゝこましく、必要もないのに鞠躬如《きゅうきゅうじょ》として、あぶくを飲んで結構がるものは所謂《いわゆる》茶人である」

これは直接茶道具に関する意見ではない。茶人のありようについての、小説の主人公の考えであるが、茶に趣味のない無茶人《むちゃじん》の茶人を観る目が率直に表明されている。韓国と日本の時代を異にするふたりの知識人の茶の湯に関する印象には、表現こそちがうが似た傾向があることは注意に値する。それは、茶の湯の美意識や価値観が、時代と地域にかかわりなく、ふたりのコモンセンス（常識）とはかなりかけ離れていた事実を示しているからである。

こういう感覚は漱石のような人だけのものではない。近代落語の名人のひとり、三遊亭《さんゆうてい》円生《えんしょう》の持ちネタだった「茶の湯」という噺がある。

とある大店《おおだな》の主人が隠居して、退屈のあまり茶の湯でもやってみようかと思いつき、小僧を相手に自己流で始めてみたのはいいが……というドタバタ話である。その枕《まくら》に「道楽の理に落ちたのが茶の湯なり」という川柳《せんりゅう》が振られている。なかなか言い得て妙で、茶の湯嫌いの人や、茶の世界はなんとなく敬遠したいと感じている人たちの感覚をうまく表現している。

実際のところ、茶は理が勝っているのだろうか？

講釈は多いようでも、案外、茶の世界に理屈はない、いや少ないのではないかと、茶人ではないわたしはひそかに考えている。利休さんも、夏の茶、冬の茶の極意《ごくい》を問われて、「夏はいかにも涼しいように、冬はいかにも暖かなように、炭は湯が沸くように、茶は飲みやすいように。これだけで秘事は済む」といったと『南方録《なんぽうろく》』にある。元禄時代の作為《さくい》であるる疑いの濃厚な『南方録』が利休さんの言を正確に伝えているかどうかは問題であるが、「茶はただ点《た》てて飲むだけでいい」というのはたしかに茶の湯の本質を語っていると思われる。

見立て

もうひとつ、姜沆の驚きのなかには道具の転用という問題がある。「見立《みた》て」という茶の湯の世界ではよくある用途の変換で、破れ瓢や水汲み用の桶がべつの役割を与えられて再生する。人間でいえば、身分や職能における自由のアナロジーのようなものが、茶道具の世界にある。儒教的倫理の人であった姜沆からすると、それは階層的にも機能的にも秩《ちつ》序《じょ》のない猥雑《わいざつ》な世界とみえたかもしれない。

姜沆が見聞きしたのは実際にどんなものだったのだろうか？　それは正確にはわからないが、有名な瓢の花入《はないれ》がある。ただし直接、織部に関係するものではない。織部の先生格である千利休に由来する品だ。

熊本藩主だった細川家の伝世品や収集品を保管する永青《えいせい》文庫に、利休がもっていた「顔《がん》回《かい》」という名の瓢の花入がある。利休作という。利休がヒョウタンからそのものを作ったというわけでは、もちろんない。この瓢は巡礼が腰にぶら下げていたが、利休がそれをみて所望したものだといい、上半分が切り取られている。切って花入に仕立てたのが利休だという意味である〔図3〕。

図3　瓢花入　銘「顔回」
高 19.3cm　永青文庫蔵
日用品を茶道具に仕立てたところに茶人の創意がみられる。

顔回は孔子《こうし》の高弟の名で、『論語《ろんご》』に孔子が彼を評したことばがある。「賢《けん》なるかな（顔）回や、一簞《たん》の食《し》、一瓢《ぴょう》の飲、陋巷《ろうこう》にあって、人その憂いに堪えざるも、（顔）回や、その楽しみを改めず」（顔回のなんと賢明であることか。わずか器ひとつの食べ物と瓢ひとつの飲み物ですませ、人が嫌がる貧しい巷《ちまた》に住みながら、正しい道を追求する喜びを変えることはない）。

顔回は孔子から深く信愛され、その後継者と目されていたが、若くして亡くなった。孔子は「天が自分を滅ぼした」といって嘆いた、と『史記』にはある。

「顔回」という銘は、貧の中で高貴を

実践しようとする理念を表現していて、それを一瓢にも満たぬ半瓢の名としたことは、侘茶の器の命銘《めいめい》として見事としかいいようがない。

もし姜沆がこの瓢花入を実際に見て、その銘を知ったならば、儒者であった彼は当時の侘茶について瞬時に理解するところがあったのではないか。少なくとも、『看羊録』に書いたような異質なものに対する批判がましい表現は少しちがったものになったのではないか、というのがわたしのひそかな思いである。

しかし、姜沆の驚きは茶の道具をめぐって動くカネに対してのことでもあった。一般的にいって、そう立派とも思えない茶道具に支払われる大金。ここが日本の侘茶のわかりにくいところである。

質素な道具を大事にしつつ生きることは、儒者にもじゅうぶんに理解可能であったはずである。しかも、そんな道具に「顔回」でみたような精神性が付与されていれば、なおさらである。ところが茶の湯は、質素とは正反対の大金のやりとりが公然とまかり通る世界でもあった。「侘び」の道具は、ここにおいて質素や貧しさといった文字どおりの「侘び」を意味しているのではないといわなければならない。

利休や織部は、このような粗末な瓢などになにをみたのか？　もちろん「美」であったことはまちがいない。しかし、その美は姜沆にはほとんど理解不能のものだった。現在に生きるわれわれはどうだろう？

わたし自身はといえば、「顔回」におおいに惹《ひ》かれる者である。利休がそれに発見した美を理解していると主張する気はないが、「顔回」はたしかに美しい。

残念ながら、姜沆は茶碗については何も書き残していない。この時代、すでに井戸茶碗などの高麗物《こうらいもの》（ここでいう高麗は高麗時代ではなく朝鮮半島を広く指している）は茶の湯の世界でおおいに取り入れられ、高い評価を得ていた。小間《こま》（四畳半以下の小さな茶室《ちゃしつ》）の茶室の佇《たたず》まいにも、どこか朝鮮王朝の質素な儒者の居室《きょしつ》に似通った風情があったはずである。彼が自分の国のやきものが珍重されていることを知り、故国の建物にも似た茶室を経験していれば、どんな感想を漏らしたか、知りたいところではあるが、囚われ人の姜沆にそこまでの情報と体験はなかった。

宣教師が見た茶道具

しかし、ワールド・スタンダード（そんなものがあるとしてであるが）からみて、姜沆の感覚が異様だったかといえば、そうではなさそうである。姜沆より前に西方から東洋各地を経てやってきたヨーロッパ人の目にも日本の茶器のありかたは異常にみえたのである。

「すべてこれらの〔茶の湯に用いる〕容器は、ある特別なものである場合に――それは日本人にしか解《わか》らない――いかにしても信じられないほど彼等の間で珍重される。我等から見れば、まったく笑い物で、何の価値もない茶釜《ちゃがま》一個、五徳蓋置《ごとくふたおき》一個、茶碗一個、あるいは茶入れ一個で、三千、四千、あるいは六千ドゥカード、さらにそれ以上の価値のものがある。」

(『日本巡察記』松田毅一ほか訳による。〔 〕内、ルビは筆者)

というのが、宣教師ヴァリニャーノの茶道具についての見聞であった。

しかし、好《この》みだの嗜好《しこう》だのというものに普遍性はあるのだろうか?

それらしきものはありそうに思える。均整《きんせい》美とか美味にはある種の一般性の認められることが多いが、しかし絶対的なものではない。「われわれの美学体系のあらゆる謎と矛盾は、美は絶対的なもの、超越的な実在、永遠の事実であるとする迷妄がみずから生み出したものである」(「美は記憶なり」仙北谷晃一訳)というのが世界のあちこちをみて日本に来たラフカディオ・ハーンすなわち小泉《こいずみ》八雲《やくも》のことばだ。

八頭身というのは主として西方的な身体美で、東洋では上半身を大きくみせることが長く流行していた。中国や日本のかつての貴人の服装や、桃山~江戸期の風俗画にある女性のゆったりと帯を腰まで下げた装束を考えればわかる。端的にいえば、バレエが爪先立《つまさきだ》ちで脚長を強調するのに対して、能《のう》・狂言《きょうげん》の所作《しょさ》は膝《ひざ》を折って摺足《すりあし》で歩み、むしろ胴長にみせる。

和食が世界的に認知される傾向にあり、ＳＵＳＨＩが世界語になりつつあるのはめでたい限りであるが、味覚もまた偏見に満ちた分野である。

一九八〇年代初めころのことである。

「近ごろ主人に悪い癖がついて困ります。旅行業をやっていて、日本人とのつきあいが多いせいです」と、タイの国立博物館のある女性がぼやく。

「どんな癖です？」

「なま魚《ロー・フィッシュ》を食べるんですよ」

刺身は当時、タイでまだ一般的ではなかった。それから二〇年ほど経って、バンコックで世話になった文化財関係の若い人を何人か夕食に招いたことがある。その人たちが何を好むか、どんな店があるのか不案内なので、すべて選択をお任せした。行った先は、フードコートのなかにある日本食の店で、彼らは刺身を注文しておおいに食べていた。刺身はすでに人気食品だったのだ。

このエピソードはただの私的体験であるが、好みというものの一面を物語っていよう。それは時と所でさまざまであるが、時間・環境と教育効果で人はたいていのものを受け入れるのである。利休や織部の美意識自体、当時の日本の大多数に是認《ぜにん》されていたものかどうかは疑わしい。時代の先端部で侘茶の茶人らの選択がまず受け入れられ、時とともに広まっていったものであろう。天下統一がその普及に拍車をかけたであろうことは疑えない。当初、孤立し、片隅の存在であったものが、かくして正統になっていく。「異端《いたん》」という栄光を捨てながら。

姜沆が見聞したのは、桃山時代の茶の湯文化が徳川時代の体制に呑み込まれつつ一般化していく直前の状況を物語っているのである。そして姜沆の見聞《けんぶん》によれば、外国人からみておかしな茶道具を高く評価する価値観の主導者《しゅどうしゃ》の中心に織部がいたこともまちがいなさそうだ。このあたりに織部という人の強い個我《こが》の主張をみることができる。しかし、個我の強い主張は織部だけのものではなかった。それを次章でみてみよう。

第三章　利休と織部

桃山時代の茶人の運命

桃山時代の茶を語るには、当時の茶人に触れないわけにはいかない。それは茶の湯のリーダーたちの思想と実践、そして運命について考えることでもある。

古田織部は千利休亡きあと、茶の湯を先導した人であるが、大坂夏の陣の際、大坂方と呼応して徳川勢に叛旗《はんき》を翻《ひるがえ》す陰謀《いんぼう》に加担したという罪に問われ、大坂落城とともに自刃《じじん》した。利休七哲《しちてつ》のひとりというのはのちの説のようだが、織部は利休に教えを請い、両者の交流には美しいものがあった。

「武蔵鐙《むさしあぶみ》の文」という利休から織部に宛てた有名な手紙がある（東京国立博物館蔵）。豊臣秀吉の小田原《おだわら》攻めの最中のこと、武蔵の国に侵攻していた織部が相模湯本《さがみゆもと》にいた利休に「むさしあふミ」で始まる歌を贈って見舞ったことに対する利休の返書で、利休が竹を切って花生を作り織部に贈ったこと、織部が小田原に参戦することがあれば京都から持ってきた茶があるので一服差し上げたいことなどがこまやかに書かれている。

その後、利休が秀吉の勘気《かんき》に触れて京から堺《さかい》に下った折、織部は細川三斎《さんさい》とともに淀《よど》の堤《つつみ》で舟中の利休を見送った。利休と親しかった人たちの多くは、秀吉をはばかって見送りたい気持ちをおさえたであろうが、このふたりはちがった。結局、利休は堺で切腹して果てるが、死の直前に利休が細川家の重臣だった松井佐渡之守《まついさどのかみ》に送った手紙が残っている（熊本県・松井文庫蔵）。そこに「……淀迄《まで》羽《う》与《よ》様古織《こしょく》様　御送候て舟本ニて　見付申《みつけもうし》　驚存《おどろきぞんじ》候《そうろう》　忝《かたじけなく》　由頼《よしたのみ》存候」（淀までおふたりがお送りくださったことを舟着場でみて驚き、かたじけなく思ったことをお伝えください）とある。羽与は三斎（当時は羽柴与一郎と名乗っていた）、古織は織部を指し、舟本は舟着場のことである。おそらくいまの京都府大山崎町《おおやまざきちょう》あたりでの出来事だったのだろうが、利休の驚きと感激がこの手紙には端的に示されている。

のちの織部の死が利休のそれと重ってみえるのは、奇《く》しくも、といいたくなるところだが、両者の表立っての理由は異なっていても、ふたりの自刃にむしろ通底するものをみるべきだろう。利休vs秀吉、織部vs家康と、人は変わっても、戦国を生きた茶人の個我とそれを力でねじ伏せようとする権力者の意志がふたつの死をつなぐ縒《よ》り糸だったとも思える。

頑固な桃山茶人の意識

桃山時代の茶人の個我意識がどんなものだったのか？
茶碗を論じ、姜沆の違和感を理解するにはそのことを考えてみる必要がある。

現在、福岡県福岡市に属する博多《はかた》は、古代・中世を通じてながらく日本の玄関口だったところだ。中国や朝鮮半島からのヒトとモノは、多くここから日本に入り、日本のヒトとモノもまたここから外地へと出ていった。

室町時代の中ごろから、この博多で栄えた商家のひとつに神屋《かみや》（神谷）家がある。その六代の当主を宗湛《そうたん》（善四郎貞清、一五五一～一六三五）という。彼は茶の湯に関する記録を残していて、『宗湛日記』としていまの世に知られている。そこに当時のさまざまな人びとの茶を通じた交流がみえるが、そのなかには生き生きとした豊臣秀吉の姿も写されていて、臨場感あふれる記述がある。たとえば、天正《てんしょう》一五年（一五八七）正月三日の大坂城での大茶湯。次のような場面が描かれている。

大名、小名があるいは徒歩で、あるいは乗り物で大勢集まるなか、宗湛は堺衆五人と参加する。広間で待っていると、石田三成《いしだみつなり》が出てきて、宗湛だけを連れて内に入り、茶の湯のお飾りをみせてくれる。いったん広間に戻ったあと、あらためて秀吉の案内で堺衆らとお飾りを拝見していると、「筑紫《つくし》ノ坊主ドレゾ」と秀吉から尋ねられ、一行のリーダー格である堺衆の今井宗及《いまいそうきゅう》が「是《これ》ニテ候」と紹介してくれる。「坊主」といったのは、宗湛という名前から推察されるとおり、このとき彼は剃髪《ていはつ》していたからだ。秀吉は宗湛を認めると、「ノコ（残）リノ者共ハノ（除）ケテ、筑紫ノ坊主一人ニ能《よく》ミ（見）セヨ」と言った。

ほかの人びとは外して、宗湛だけによく見物させよ、と特別扱いの厚遇《こうぐう》を与えたのである。闊達《かったつ》にふるまう秀吉の言動には、権力の絶頂にある人の姿が彷彿《ほうふつ》とするようであるが、宗湛を特別扱いしたのには当然、秀吉なりの計算がある。

このときすでに秀吉は大陸侵攻を考えていて、それは朝鮮半島へ出兵した文禄・慶長の役となって顕在化《けんざいか》するのであるが、彼の頭のなかでは、博多は兵站《へいたん》基地の役割を振り当てられていた。きわだって宗湛を優遇したのは、その協力なしに兵を進めることができないことが明らかだったからで、このときの茶の湯はまさに権力者主催の政治的新年パーティだった。戦争を企てる政治家と経済界が密着するのはこれに始まるわけではないが、ここには近・現代の戦争に通じる風景がみえる。

政治・軍事の権力者と経済界の実力者とが顔を揃えた舞台への、晴れがましい登場。それが秀吉の宗湛へのもてなしで、いざというときはよろしく、という挨拶である。連れ立った堺の有力商人たちは宗湛の引き立て役となっているが、そこは秀吉側との阿吽《あうん》の呼吸だったであろう。宗湛が千利休に会ったのもこのときで、ふたりの交流には後日談がある。

天正一八年（一五九〇）九月一〇日、利休が聚楽第《じゅらくだい》に宗湛を招いて茶をふるまった。そのとき台子《だいす》（棚の一種）の上に黒茶碗をひとつだけ置いた。茶が出たあと、利休は瀬戸茶碗を持ち出して、黒茶碗と取り換え、「黒い茶碗で茶を点てることは上様（秀吉）がおきらいなので、こうしました」といった、と宗湛の日記にある。すでにこの時点で、秀吉と利休との間には緊張関係が生じていた事実を知ることのできるエピソードだ。利休は秀吉の意に反してもみずからの茶碗に対する好みをひそかに貫こうとした。これが当時、指導的立場にあった茶人の個我である。

この時代、茶道具の選択には大きな意味があった。だれがどのような道具を選び使うか、それは茶人自身の主張を反映する。このような道具のもつステータス、象徴性は、異国の囚われ人である姜沆の理解しえなかったことにちがいない。個人と道具との強い関係性を抜きに語れないのが室町時代後半以来の茶の湯であろう。

ひょうげもの

宗湛の日記には織部を考えるとき、欠かすことのできない有名な箇所がある。

慶長《けいちょう》四年(一五九九)二月二八日、伏見で織部の茶会があって、宗湛も招ばれた。時代はめまぐるしく動いている。利休はもちろん、秀吉もすでに亡く、前年に日本軍は朝鮮半島から撤退していた。姜沆は、といえば、同じ伏見でなお囚われの身をかこっていたときである。

この茶会で、織部は濃茶《こいちゃ》の茶碗として「コヨミノ手」を出した。コヨミノ手は暦手《こよみで》のことである。ふつう暦手は、「三島《みしま》」という高麗茶碗の一種をさし、波状にこまかくくねって流れ下る曲線の象嵌《ぞうがん》文様がカレンダーの三島暦を思わせるためにこの名があるといわれている。しかしあとで触れるようにこの茶碗の文様は牡丹唐草文《ぼたんからくさもん》らしいから、ここでいう三島は広義に用いて、掻《か》き落《おと》しのあるタイプの高麗茶碗をこう表現したものだろう。では、薄茶《うすちゃ》のときの茶碗はなんだったか。宗湛はこう書き留めている。

セト茶碗、ヒツミ候也、ヘウケモノ也

簡潔に表現された三つの鍵辞《キーワード》。これまでさんざん論じられてきたことだが、ここでわたしなりに考えてみたい。

宗湛が織部の茶会で出会った薄茶茶碗の第一のキーワードは「セト茶碗」である。瀬戸製の茶碗ということだが、現在の理解では美濃《みの》製の可能性がある。瀬戸と美濃は、いまの行政区分では愛知県と岐阜県にわかれているが、やきもの作りの原料を共有する隣接した地域で、この「セト」は美濃の製品をも含んだ概念であろう。というのは、この時代の茶会記には「ミノ」ということばはなく、セトのほうはよく出てくる。昭和五年（一九三〇）

に荒川豊蔵《あらかわとよぞう》が美濃で志野《しの》の破片を発見するまでは、志野も瀬戸で焼かれたものとされていた。中・近世の美濃の施釉《せゆう》陶器はもともと瀬戸の陶工が移住してきて始まったもので、桃山時代には美濃地域で多くの茶陶が作られるようになっていたが、それらもセトに包括されていたらしい。すでにみたとおり、利休が宗湛に薄茶《うすちゃ》を出す際に持ち出したのも瀬戸茶碗と記されているが、美濃製の可能性がある。

第二のキーワードは「ヒツミ」すなわち「歪み」で、ひずみのある茶碗だった。一六世紀最末期のこの時期、利休亡きあと、当代一の茶匠と目される織部が客人に供した茶碗はゆがんだ形だったことがわかる。

第三のキーワードは「ヘウケモノ」。現代の表記なら「ひょうげもの」で、剽軽《ひょうきん》なもの、おどけもの、といった意味である。第一と第二のキーワードがどちらかというと客観的な判断であるのに対して、これは宗湛の主観的な印象表現である。しかし茶具の評語として、いかにもインパクトのあることばで、織部の美意識を語るとき、ほとんどつねにこれが引用されてきた。おおげさにいえば、茶の湯の美意識の革命的な転換がこの語の籠《こ》められているような気味がなくもない。しかし、宗湛その人の大きな驚きがそこにみてとれるかといえば、日記の記述そのものからは判断できない。

さて、では実際に織部が取りだした茶碗はどういうものだったのだろう？「ゆがんだ形の、おどけた感じがする瀬戸茶碗」をどうとらえるか？

まず、書かれていないことを考えてみたい。宗湛は色についても、文様《もんよう》についても述べていない。じつは、そのまえに出た高麗茶碗「コヨミノ手」については、「大きいもので、口が締まり、下部は張っていて、掻き落しがあり、文様は牡丹唐草か」とていねいな観察が記されている。いっぽう、このセト茶碗に関しては、「ひょうげもの」とまでいいながら、それ以上の表現がない。おそらく、色や文様にわざわざ書きとめるだけのきわだった特徴がなく、形自体に着目すべきものがあったのだろう。

織部焼は織部が焼かせたものか？

この茶碗が、いわゆる織部焼であれば話は簡単であるが、少なくとも絵付けや緑釉《りょくゆう》を用いたタイプの織部焼ではなさそうである。とりあえず次の二点が指摘できる。

織部焼には「ひょうげもの」と評されてもおかしくない、ゆがみのあるものがたくさん伝世しているし、それらが「セト」のうちと理解されても不思議はないが、このときの茶碗が現今いうところの典型的な織部焼だったのなら、宗湛は色や文様についてなにがしか触れていたのではなかろうかというのが第一点。

第二点としては、目下の陶磁考古学によると、このときには装飾性豊かな織部焼自体がまだ成立していなかっただろうということがある。

大幅にはしょっていうと、今日「織部焼」として理解されているタイプのやきものが焼かれたのは慶長一二年（一六〇七）ころ以後だというのが現在の研究の到達点だ。

この見解に立つと、一五九九年に織部が宗湛らを招いた伏見の茶会で出したのは、少なくとも意匠性豊かな織部焼ではなかったことになる。

織部ということばは、古田織部を指す場合もあるが、現在ではやきもののジャンル名として流布し、古田織部その人よりも、むしろ陶器の種類としてのほうが一般的であるかもしれない。陶芸教室を主催している知り合いの陶芸家の話であるが、入門者に「どんなものを作りたいのですか」と訊くと、男性の多くは「楽茶碗」といい、女性の圧倒的多数は「織部」と答えるそうである。このあたり、日本のやきもの趣味における懐石《かいせき》用の食器を含む茶陶の存在の大きさを物語るが、織部焼はとくに女性に人気があるようだ。

第一には、その色彩に人気の鍵があるのだろう。緑を中心とした彩りがまず人の心をとらえる。つぎに器形の多様さが挙げられるのではないか。皿あり手鉢あり、茶碗あり向付《むこうづけ》あり、香合《こうごう》あり燭台《しょくだい》ありで、さまざまな形の面白さがある。色と装飾文様には規矩《きく》にとらわれない自由な感覚が感じられる。成形にもまた、そのような自由さがある〔口絵2〕。長年かけてロクロ挽《ひ》きの修業をしなくても、なんとかなりそうな感じがするのではないか——というと織部焼を志す女性に失礼かもしれないが。

　総じて、のびのびとした華やかさとでもいうべき美質で、同じ華やぎでも色絵磁器などのもつどちらかといえば硬質な美感とはちがい、陶器質の温かさもまた女性の琴線《きんせん》に触れるところがあるにちがいない。しかし、なぜ桃山文化の最末期ともいえる江戸時代の初めから作られるようになった一群のやきものが「織部焼」と呼ばれるようになったのか？　じつのところ、それは定かではない。

　工芸美術・陶磁史家で織部に詳しい竹内順一《たけうちじゅんいち》さんに「今、なぜ織部焼なのか——織部焼をめぐる二、三の問題」という一文がある。短いものだが、示唆に富む好論で、織部焼の名称についても触れている。この竹内論によると、「織部焼」という名前は桃山時代の文献史料には出てこず、もっとも早い例では寛文《かんぶん》一二年（一六七二）刊行の『茶器弁玉《ちゃきべんぎょく》集《しゅう》』だそうである。それも「耳付ノ茶入ニ様々ノ異風物《いふうのもの》有　古田織部物数寄《ものずき》ノ焼物也」とあって、宗湛が織部の茶会でみたような茶碗ではない。「異風物」ということばが「歪み」のある「ひょうげもの」茶碗に通じて、異風が織部好みの特徴だという認識が織部の死後半世紀を超えたこの時点でほぼ確立していたこともわかる。しかし、「古田織部物数寄ノ焼物」とあるのは、今様にいえば「織部好み」と解され、織部＝やきもの、という図式にはなっていない。

ではいつからか、というと、竹内さんの指摘によると、享保《きょうほう》九年（一七二四）の『槐記《かいき》』の記述がわかっている最初ということになる。『槐記』は関白《かんぱく》・摂政《せっしょう》・太政大臣《だじょうだいじん》を歴任した近衛家熙《このえいえひろ》（一六六七〜一七三六）晩年の言行録《げんこうろく》である。その一〇月一八日の条にある会席の記事に左の文言が書きとめられている。

猪口《ちょく》　上ハ丸黄織部《きおりべ》、下ハ角白織部《しろおりべ》、柚味噌《ゆずみそ》、

猪口ということばは酒杯の一種として流布《るふ》しているが、もともとは釣鐘《つりがね》をさかさまにした形の小形の器で、酒器に限らない。ソバチョコのチョコも同じことである。ここではユズミソを入れて出されている。しかし、形と色について述べられているにもかかわらず、実体がよくわからない。上は丸くて黄色で下は角形で白という、なにやら中国古来の天地の概念「天円地方《てんえんちほう》」をツートーン・カラーで仕上げたような趣であるが、あまり胴の締まらない瓢形だったのだろうか。

黄織部、白織部というのもなんだろう？　黄と白は、それぞれ釉色を表わしていると思われ、織部はやきもののジャンルとしての用法で、織部焼を意味しているにちがいない。

ただ、色使いからしていまどきいう織部焼とはべつの類のように思われる。『槐記』には「黄瀬戸ノ猪口」というものも出てくるから、この黄織部は黄瀬戸ではなさそうである。

この日の記録には、さらに「織部水次《みずつぎ》」「織部の砂糖入《さとういれ》」とある。織部の名を冠したやきものの類別がこの時代にすでにあったことは確かだ。翌享保一〇年の五月一八日には「織部の手付《てつき》ノ鉢」とあって、これは今日の織部焼のイメージと形のうえで一致する。

『槐記』の「織部」という記述では、もうひとつ気になることがある。

享保一四年（一七二九）三月四日の茶会で使われた茶入のところで、「志野」「織部」と二行に並べた割注《わりちゅう》がある。志野と織部の二種類の茶入が出たわけではない。その下に添えられた袋（仕服《しふく》）に関する記述がひとつであることからもそれはわかる。

茶入の次に茶杓があって、そのあとの茶碗の項には、「朝日焼《あさひやき》、」「狂言袴《きょうげんばかま》ノ手、」とやはり二行の注記がある。これもひとつの茶碗の説明で、前の行は窯（朝日焼＝宇治のやきもの）、あとの行は茶碗のタイプ（象嵌円文のある筒《つつ》茶碗であろう）を示している。

この茶碗の注記から類推すると、右の茶入の割注は、志野焼のなかの織部タイプだといっているように読める。おそらく、一八世紀前半のこの頃には、織部焼がやきもののタイプ名称としてすでに定立していたが、それは志野に含まれていたと思われる。志野は瀬戸の一種とされていたようなので、ことばの範囲の広さを不等式で示せば次のようになるだろう。

瀬戸＞志野＞織部

しかし、ここでも書かれていないことが気になる。それは、このときの茶入に格別の評語が添えられていないことである。茶入としては一般的な形、表情のもので、ひずみや異風を感じさせる特別な点がなかったからではないか。ここではむしろ袋に眼が行っていて、文様のことや、新しく仕立て直したのではないかという推測が書かれ、さらに茶会後の感想として、袋から茶入を出したときの手の使いかたが左右逆だったのではないかといったことまで述べているが、茶入自体の印象には触れるところがない。

話が細かいことになってしまった。このへんで結論めいた憶測をいってしまう。

宗湛がみた歪みのあるヘウケモノのセト茶碗は、文様のない、今でいう志野だったのではなかろうか。

江戸時代のある時期までの「織部」概念は、現在のそれとは少しちがって、志野の一種とされていた可能性がある。「志野」ということば自体も、人名に由来するとか、「白」からの転訛《てんか》であるとかの説があって、よくわからないが、おそらく、全体に白味の勝ったものが志野で、色使いや形のヴァラエティに富むものが織部に類別されていったのではなかろうか。かならずしも現在の織部焼概念とは一致しない。

結局、織部焼が古田織部その人の関与によって成立したという証拠はいまのところない。ただ、千利休の直接的な関わりのなかで生じた楽焼《らくやき》が、赤または黒という単色を指向し、晩年の利休が黒を好んだこともまちがいないと思われる。「灰《はい》志野」といわれる志野の前《ぜん》駆《く》的なものはべつとして、利休在世《ざいせい》の時代に作られ始めたかどうか微妙な志野も、当初はおそらく白一色（モノクローム）の「無地《むじ》志野」が主であっただろう。その後、二色（バイクローム）の釉色《ゆうしょく》のもの、鉄絵《てつえ》のあるものが発生したと思われる。

色彩に富んだ瀬戸（現在の概念では美濃を含む）のやきものは、織部が利休亡きあとの美意識を代表する人物として認められていくのとほぼ並行して登場してくることはまちがいない。桃山時代の終末を飾る意匠性に富むやきものが、織部の没後しばらくして、その名を冠して呼ばれるようになったのには、華やかな色使いと形における歪みを含んだ「異風」こそ、織部の時代の特徴であるという、江戸時代以降の人びとの認識があったためであるといっていいだろう。織部その人も桃山茶陶の名産地である美濃国の出身で、美濃とは地縁・人縁があったから、今日の織部焼の用語・概念が成立していったものと考えられるのである。

織部好みの代表格・破袋

もうひとつ織部に関わる例を出そう。

織部が所持していた水指《みずさし》があって、織部好みの代表的な作例とされる。「破袋《やぶれぶくろ》」と命銘された伊賀《いが》焼〔口絵3〕である。歪みの強い胴部のあちこちに大きな亀裂が入ったもので、およそ端正とか華麗とかいったふつうの美的形容詞を当てはめにくい姿形《しけい》をしている。釉薬もムラがあって、一部の淡緑色はたしかにきれいだが、中国の景徳鎮《けいとくちん》や朝鮮官窯《かんよう》、あるいはマイセンとかセーブルの高級品の美感にはほど遠い。しかし、お前はどう思う、と問われれば、この「破袋」もたしかに美の範疇《はんちゅう》に入る。

この水指には熱烈なファンがいて、その代表格が近代の作陶家として有名な川喜田半泥《かわきたはんでい》子《し》（一八七八〜一九六三）である。家業の銀行を経営しながら作陶に惹かれた半泥子はいくつもの「破袋」を作り、本歌の神髄《しんずい》に迫ろうとした。人を魅了するそれだけの力がこの水指にはあるのだ。

こういったほうがいいかもしれない。「顔回」や「破袋」のもつ美感のなかには、「存在感」とでもいうべきものが腰を据えていて、しかも身近に愛玩《あいがん》するに足る親しい感覚をも覚えさせる。それは美の一種であるが、ただ「ああ、きれい！」というのとは少しちがっている。そんな感じだろうか。もう少し説明を試みてみよう。

利休と織部の美意識——全きはよろしからず

少し客観的に萎沆と利休や織部との間に立つ心づもりで考えてみる。

『茶話指月集《ちゃわしげつしゅう》』という本がある。「顔回」が巡礼の持ち物だったという先の話もじつはこの本が出典《しゅってん》である。江戸時代前期の茶人・藤村庸軒《ふじむらようけん》（一六一三〜九九）が師匠の千宗旦《そうたん》（一五七八〜一六五八）から聞いた話を娘婿《むすめむこ》の久須美疎安《くすみそあん》が編集してまとめたものとされる。中身は千利休にまつわる逸話《いつわ》や言行を中心にした茶道の説話《せつわ》集といった趣《おもむき》のもので、おもしろい話がいろいろとある。たとえば、

——利休の家の庭にアサガオが見事に咲いていることを豊臣秀吉に伝えた人がいた。「では、見に行こう」と秀吉が利休邸に出かけてみると、庭には一枝のアサガオもない。おもしろくない思いで小座敷《こざしき》に入ったところ、床《とこ》に一輪、色鮮やかなアサガオが生けてあった。秀吉をはじめ、お供の者一同、目も覚める心地で、利休はおおいにお褒めにあずかった。これが世にいう「利休のアサガオの茶の湯」だと申し伝える。

次に引く逸話は、姜沆の見聞に少しつながりが感じられるものだ。

――「雲山《うんざん》」という肩衝《かたつき》茶入があって、堺の人が入手し、利休たちを招いた茶会で初めて披露したが、利休は気に入らぬ様子だった。利休が帰ったあとで、亭主は「利休が気に入らぬ茶入ではおもしろくない」といって、五徳に投げつけて壊してしまった。傍にいた人がこれを譲り受け、自分で接合して、利休を招いて茶会を催した。「これでこそ、この茶入は見事だ」と今度は利休が称賛した。そこで、秘蔵されるのがいいですよと、その由を伝えつつもとの持ち主に返した。その後、この茶入は丹後《たんご》（京都府）の大名が値千金で買い取り、接ぎ目の合っていないところをきちんと修理し直そうかと小堀遠州《こぼりえんしゅう》に相談したところ、「接ぎ目が合わないでこそ利休がおもしろがって名高くなったものですから、そのままにしておくのがいいのです」といった。この本の冒頭に引いた「はてなの茶碗」の出世話にちょっと似た趣もある展開だが、これには古田織部のことばを伝えるつぎの話が付随している。

――古田織部は完全な茶碗はぬるき物だといって、わざわざ打ち欠いて用いたことがある。よくない物ずきだと批判する人もあったが、この雲山茶入が割れたのちに利休が称美《しょうび》し、遠州もこのようにいったもので、茶道の風流はそういう批判とはべつのところにあると知るべきだろう。

宗旦は利休の孫である。お祖父さんにまつわることを親しい弟子に伝えた。だから信じられる話だ、と一応は考えられる。利休が自刃した天正一九年（一五九一）当時、宗旦は一三歳である。直接ではないにしても、逸話の多くは身近で聞いたものだった可能性が高いように思える。しかし、『茶話指月集』に載せられた話はすべて宗旦が庸軒に聞かせたものかどうか、疑う人はいる。庸軒の改竄《かいざん》が多いのではないか、編者の疎安の筆がだいぶ入っているのではないか、あるいはこの本は基本的に疎安その人の著述とみたほうがいいのではないかという見解もある。たしかに右のアサガオや雲山肩衝のエピソードなどは出来過ぎのような気がしないでもない。利休という人の人間像をどう考えるかに関わる面もある。ただ、桃山時代の茶の湯の一面が見事に抽出されたような鮮やかな情景ではある。鮮やか過ぎるのが欠点かもしれない。

古田織部のことばは、原文では「全《また》き茶碗はぬるき物」となっている。織部はまた、「全きはよろしからず」といった、とも伝えられる。「完全なものはよくない」というのだ。織部の美意識を示すことばとして「ひょうげもの」が普及していることは前に述べた。しかし、これは他人が織部の道具を見ての印象批評である。この「全き茶碗はぬるき物」「全きはよろしからず」のほうに、わたしは織部その人の肉声を感じる。そして、それは利休の考えを継承するものでもあったと。少なくとも『茶話指月集』はそう伝えているように読める。

ところで、右の織部のことばは、どこかでみたようなところがある。清少納言《せいしょうなごん》の『枕《まくら》草子《のそうし》』の中の一文を引いておこう。

「女一人住む所はいたくあばれて、築地なども、またからず、池などある所も、水草ゐ、庭なども、蓬にしげりなどこそせねども、所々、砂子の中より青き草うち見え、さびしげなるこそあはれなれ。物かしこげに、なだらかに修理して、門いたくかため、きはぎはしきは、いとうたてこそおぼゆれ」〈女がひとりで住んでいる所は、ひどく荒れ果てて、土塀なども、不完全で、池などがある所も、水草が生え、庭なども蓬《よもぎ》が茂りなどこそはしないけれども、所々砂の中から青い草がほの見え、さびしげな様子なのが風情があるというものだ。いかにも賢しげに、家は体裁よく修理して、門の戸締りをしっかりとし、几帳《きちょう》面《めん》に一々けじめをはっきりつけるのは、ひどくおもしろくないものに感じられる〉（松尾聰、永井和子校注による。傍点は筆者）

「また（全）から」ざるものを清少納言も評価していたのである。

では、「全き（完全なる）」ものがなぜ否定されるのか？

形のうえで完全なものを考えてみよう。平面でいえば、正円《せいえん》がそれである。立体ならば、球である。少し広げて考えれば、正方形や正立方体もそういった範疇に入れていいだろう。

円いものが完全を志向すればするほど正円に向かう。正円という形は、大小はあっても、ひとつしかない。完全な球形というのも、形はひとつである。正方形や正立方体もまたしかり。形のうえでの完全は唯一に帰結《きけつ》する。

逆にいえば、全からざるもの、不完全なものは多様である。歪みには無限のヴァリエーションがあるのだ。そしてさらにいえば、不完全なものこそ、実際の個々の存在としては、他者と区別される唯一無二のものである。これが、利休が思い、織部が語ったことで、姜沆が不審を感じた元だったのだ、とわたしは考える。

しかし考えようによっては、姜沆の『看羊録』における指摘は、桃山という時代の性格、ことに茶道具などに具現《ぐげん》された性格の一面を、ひとりの同時代の証人として簡略ながらみごとに述べているのである。渦中にあると自分の位置はよくわからない。姜沆は異邦人の目で、冷静に、批判的に当時の日本人の振舞いをみて記録した。ガイジンの視点から教わることは多々あるのだ。

第四章　桃山時代の先端《アヴァンギャルド》的な茶風

つらくせ悪い人・山上宗二

桃山時代の茶風について、姜沆の見聞より少しまえのことだが、それとはちがう茶の湯の当事者からの貴重な証言が残っている。『山上宗二記《やまのうえそうじき》』がそれだ。

利休の高弟のひとりに山上宗二という堺の人がいた。この宗二の書いたものが『山上宗二記』という写本《しゃほん》群として残っている。最初からそういうタイトルがついていたわけではない。現代の研究者たちがそう呼んでいるのである。

まず宗二その人について述べる。利休や織部には自己の主張を曲げない頑固な一面があったが、この人も強固な個我をもつ桃山茶人だった。

山上宗二は利休とともに豊臣秀吉に仕えた茶人であったが、秀吉には気の毒なくらい憎まれた人でもあった。『山上宗二記』には茶でもって人に仕えることの無念を述べている箇所があるから、宗二のほうで宮仕えや秀吉が嫌《いや》だという感情があったことは想像に難くない。そんな感情は独裁者たる晩年の秀吉には敏感に察知されたであろう。さらに宗二の性《さが》とでもいうものがそこに加わる〔コラム2〕。

〔コラム2〕史料が語る山上宗二

江戸時代の初めころ、奈良は春日《かすが》神社の神職に久保利世《くぼとしよ》という人がいて、その人が書き遺した『長闇堂記《ちょうあんどうき》』という文書がある。その中に山上宗二のことが「いかにしても、つらくせ悪く、口悪きものにて、人のにくみしもの也、小田原御陣《おだわらごじん》の時、秀吉にさへ、御耳にあたる事中て、その罪に、耳鼻《みみはな》そかせ給ひし」と出てくる。

宗二はよほど癖のある顔つきの持ち主で、物言いも悪く、人から嫌われる傾向があったらしい。秀吉が小田原の北条氏を攻めたとき、時の権力者の秀吉にさえ耳にさわることをいって、耳・鼻を削がれてしまったという。耳と鼻を斬り落として死罪にするというのは、当時の刑罰のひとつである。久保利世は、宗二の息子からこのことを聞いて記録しているので、これは信用できる話といっていい。

じつは宗二の息子も「父の伝をうけ、短気の口わる物」で、徳川家康の茶頭《さどう》をしていたのだが、家康の風炉《ふろ》内でのやりかたが悪いといって、突き崩してやりなおしたため浪人したというツワモノである。「短気・口悪」に関してのよほど強いDNA（遺伝子）が宗二の家系にあったにちがいないが、個我を主張してやまない桃山茶人の気概のようなものが宗二父子のエピソードからは窺われる。

宗二が秀吉の勘気《かんき》に触れたのは、小田原の北条攻めのときが初めてではなかったらしい。

それ以前にも浪人しているからである。一旦、勤め口を得て生活し始めると、扶持《ふち》・サラリーを離れれば経済的に困窮するのは昔もいまもさして変わらない世の現実である。独立自営というのが人の生き方としてもっとあっていいのではないかというのは余計な感想だが、『山上宗二記』と総称される写本群が残ったのは、宗二が浪々の身で茶を教えながら世過ぎをする際、弟子に伝授内容を文書にして売ったからだという推定がある。売った、という表現が事実そのままではないとしても、自分を師とし、あるいは食客として待遇してくれた人への謝礼として与えたものではあったであろう。「風が吹けば桶屋《おけや》が儲《もう》かる」式にいえば、宗二が秀吉を怒らせ、困窮したおかげで、その後の人は利休時代の茶の湯のありかたが窺えるようになったわけだ。

『山上宗二記』にはおもしろい内容が含まれていて、茶碗に関しても示唆に富むので、しばらくこの書についていてみていきたい。

茶の湯の歴史という点からいえば、村田珠光《しゅこう》に始まるとされる茶風は侘茶としての流れを作っていく〔コラム3〕。もともと「侘び」というのは、「わびしい」とか「貧しい」という状態を指し、侘茶は端的にいえば「貧乏な茶」を意味する。道具などに贅沢《ぜいたく》をしないのが本来で、宗二も「一物も持たざる」茶人の例を挙げて利休も褒《ほ》めたとしているが、実際にはすでに述べたように、室町時代後期には外国人が驚くような高額の金銭が道具に注がれる面をもつようになっていた。事実、『山上宗二記』では「御茶湯道具 幷《ならびに》 密々口伝《くでん》条々」として、記述の多くが大壺《おおつぼ》（茶壺）以下さまざまな道具のリスト、解説に割かれている。宗二が弟子に伝授した内容の主眼は茶道具情報にあったことがわかる。利休とその周辺が推進していた茶の湯は、持ち物にこだわらず質素に生きることを理想化する一方で、現実には高価なものを含むさまざまな道具類を重視した茶でもあったのだ。

では宗二が伝えるのはどんな情報だったのか？　次にそれをみてみよう。

〔コラム3〕侘茶の起こりと系譜

『山上宗二記』には「御茶之湯の起こり」という一項が冒頭近くに置かれている写本が多い。そこにはこんな内容が盛られている。

室町幕府の八代将軍であった足利義政《あしかがよしまさ》が京都東山に隠棲《いんせい》してのある秋の末、歌・連歌《れんが》、月見、花見、蹴鞠《けまり》などなど四季折々の遊びをやりつくしたが、これから冬ともなれば雪山での鷹狩《たかが》りも年齢を考えれば面倒だ、何か珍しい遊びはないものか、とお側に仕える能阿弥《のうあみ》に問うたところ、奈良の称名寺《しょうみょうじ》に（村田）珠光という者がいて、茶の湯というものを三〇年間も修業しているが、春夏秋冬それぞれに面白いもので、古雅《こが》な遊びといえば茶の湯に勝るものはない、と勧めたというのだ。

ただし、この説明は史実ではなかろう、というのが大方の意見である。風流将軍義政の名を出して自派の茶の湯に箔をつけたものだろう。ここで「御茶之湯」といい「茶湯」といっているのは珠光に始まる日本的ともいうべき茶のありかた、すなわち侘茶のことで、飲茶全般のことではない。この侘茶は堺の商人たちにも広がり、武野紹鷗《じょうおう》、千利休へと伝承されて、利休が大成したというのが大きな流れとされている。千家流茶道はこの系統にある。しかし茶道界全体でみれば、貴族社会や武士社会から発した流派もあり、近世以降、相互に影響しながら存続している。

宗二の伝える道具情報――大壺（茶壺）にみる作品解説

さて、その道具情報であるが、伝本によって順序・内容に差異がある。ここでは田中博《ひろ》美《み》さん（東京大学史料編纂所教授・故人）翻刻《ほんこく》の「武田家乙《おつ》本」とされる写本によって見てみよう。

まず「大壺之次第」とあって、茶壺についての記述がある。これがなかなかにくわしく、入る葉茶《はちゃ》の量、評価、見た目の特徴、伝来などが説明されているほか、売買のときの値段を書いたものもある。現今の展覧会図録に付された解説の原型ともいうべきものである。一例を挙げる。最初に登場する「三ヶ月」という茶壺。

この御壺《おんつぼ》（と宗二は壺に御の字をつけている）はお茶が七斤《きん》以上入る、と容量が記される。五～六キログラムは入れられる大きさだ。ついで「天下無双《むそう》ノ名物也」と評価があって、「大キナルコフ（瘤《こぶ》）七ッ有リ」と様子が記される。さらに、少し傾いているのが面白いということから「三ヶ月」と名づけられた、と命銘の由来が続く。「かたぶく月」という風情を壺にみているのである。以下、興福寺にあった昔以来の持ち主の移動が詳述されるが、武将茶人だった三好実休《みよしじっきゅう》がもっていたとき、戦争で六つに割れてしまったという。利休がこれを修繕して、「三千貫」の値で質《しち》に置かれたことがあり、最後は織田信長に献上された。割れた後も名物としての威光はなお増して、値段は五千貫とも一万貫とも見積もりようがないものである。この壺の様子には口伝《くでん》がある。信長の代に（本能寺の変で）焼けてしまった、と書かれている。

一個のモノの履歴として、出生（生産地。現在の理解では中国南部の広東省か福建省の産の可能性が高い）に関する情報を欠くが、その後の記述はまことに完備しており、信長とともに滅ぶドラマチックな最期まで、人生の有為転変《ういてんぺん》をみるがごとくに描かれていておもしろい。

このようなディスクリプション（描写）は、長短《ちょうたん》・精粗《せいそ》の差はあるが、『山上宗二記』の道具情報の特徴をなすもので、それがこの文書の大きな価値であったことを物語っている。しかしいっぽうで、この壺の見方に口伝があると述べているところからすると、文書にはしないさらなる秘訣《ひけつ》があって、それは簡単に教えられない内容だったにちがいない。宗二に直に訊けないわれわれは、ともかくもこれだけの豊富な文書情報が残されたことで満足しなければならない。

右の茶壺の解説から何がわかるか？

ここから山上宗二記が生きた桃山時代の茶の湯、それは利休や信長が深く関わって形成されたものであるが、その茶のありようがかなりみえてくるように思う。

『山上宗二記』には「三ヶ月」以下、大壺（茶壺）の名品が次々に披露される。それぞれに由来があり見どころのあることが、ときにくわしく、ときに簡略に説明されていて、読んでいるだけでけっこうおもしろいが、写真も図もないから、読む人は逆におおいに想像をかき立てられる。秘伝としてこれを授けられた相手もそうであったにちがいない。

展覧会も図録もない時代、茶器に限らず、モノ情報の正確なところは直に見るしかないが、名品の出る茶会の席に連なってそれらを拝見する機会を得ること自体、おおいなる特権であったはずである。

しかも、宗二が述べる名品のなかには、「三ヶ月」がそうであったように、すでに失われた品々がある。そのなかで、ことに多いのが「惣見院殿《そうけんいん》御代《みよ》ニ火ニ入失申候《いりうせもうしそうろう》」といった説明のついたものである。惣見院殿とは織田信長の法名《ほうみょう》で、これは本能寺の変で焼けてしまったことを意味している。当時――『山上宗二記』が書かれたのは天正一四年（一五八六）であろうとされる――の人びとにとって、本能寺の変はわずか四年前の大事件で、伝授《でんじゅ》を受ける側はその情報の生き生きした内容を喜ぶとともに、失われた名品への満たされることのない憧憬《しょうけい》をいっそう掻き立てられたことだろう。

「はしたて」の壺――しゃれたネーミング

茶壺から、もうひとつだけ、「はしたて」という名の壺を引いておきたい。

これは命銘の由来が面白い。この壺はかつて丹後《たんご》にあったのだが、丹後には過ぎた名物だというので天橋立《あまのはしだて》になぞらえ「橋立」の名がついたという「旧説」があると述べ、さらに、東山殿（足利義政）がこの壺を召し上げられたとき、（添えられた）文をも見ず、まず壺からご覧になったので「まだ文《ふみ》も見ず天の橋立」という古歌にかけて名付けたという説もある、と説く。駄洒落《だじゃれ》といってはいけない。掛詞《かけことば》は日本古来の風流である。

また、「堺ノ千ノ宗易ニ在《あり》」ともあって、その頃には利休が所持していたことも書き添えられていて、「名人ノ一世所持ノ壺」だから土味《つちあじ》も釉薬も言語に絶した名品だと絶賛している。これは七斤入りだとあるから、「三ヶ月」よりほんのわずかに小さいくらいのものだったのだろう。この壺は利休死後、豊臣秀次《ひでつぐ》、秀吉を経て加賀《かが》前田家の有となっていたが、残念なことに、加賀で焼亡してしまったというのがこの壺の運命だ。

じつは、「はしたて」という名の茶壺は現存している。一九九〇年に京都国立博物館で開かれた「特別展覧会　四百年忌　千利休」展や一九九五年の五島美術館「山上宗二記天正十四年の眼」展に出品されていたし、この壺を拝見する会の末席に連なって眼福《がんぷく》に与《あずか》ったこともある。ただし、これは『山上宗二記』に記載された壺そのものではない。その「渡（わたし）」だという。「渡（壺）」は、大壺に添えられ、大壺から取り分けた茶葉《ちゃば》を入れる小ぶりの茶壺である。『山上宗二記』で七斤入りとされた茶壺で現存しているものはだいたい四〇センチメートル前後の高さがある。現存の「はしたて」は二三・六センチと小さい。

大昔のご先祖のあれこれがわかっている方はもちろんいる。しかし、日本の全人口からすれば、そういう人はごく少数ではないか。それが、希少な部類に入る輸入品であったとはいえ、茶葉の容器についてこれだけの情報が記録され、秘伝として伝えられることは、考えてみると尋常ではない。少なくともわたしにはそう思われる。しかも『山上宗二記』の道具情報は茶壷だけではない。盆石《ぼんせき》、天目台《てんもくだい》、さらに天目・茶碗、茶杓《ちゃしゃく》、釜《かま》、水指《みずさし》……と続く。

侘茶の大成者・利休の高弟だった山上宗二が伝える利休とその周辺の茶は、名物を評価し、名品を選んで尊ぶ風潮のなかにある、モノを重視した茶であった。けっして貧しい人の茶ではない。しかし、それらの道具類は、後述する前代に主流であった室町将軍家とその周辺の道具観とはおおいに異なる、新しい美意識によって選択されたものでもあった。『山上宗二記』は、そんな茶風のニュー・ウェーヴを伝道するという意味をも担っていたことになる。

つぎに茶碗について宗二が語るところをみてみよう。

天目茶碗とはなにか

ここで資料としている「武田家乙本」では、天目台の次に天目茶碗に関する記述がある。現在の感覚では、最初に碗の説明があって、そのあとに台の話でもいいように思えるが、とりあえず台のほうは割愛《かつあい》して碗に移る。

まず「一　天目之事」とあって、「紹鷗所持之《じょうおうこれをしょじす》、一ッ白天目　一ッ天下ニ三ッノ内二ッ関白様ニ在」と続く。この文章、どこでどう文が切れるのかがわかりにくい。べつの写本（同じく田中博美《たなかひろみ》さんが翻刻されている「土屋家本」）をみると、「紹鷗所持」の下に「一ツ白」と「天目一ツ」が割注《わりちゅう》で入っていて、「天下三ツ内貳《ふた》ツ関白様ニ有」となる。これならば、「利休の師匠の武野紹鷗がかつて天下に名だたる三つの天目のうちふたつを所蔵していて、ひとつは白《はく》天目、もうひとつは天目だが、いまでは豊臣秀吉が持っている」と読める。写本というのは転写されるうちに書きまちがいだの写す人の解釈だのが入り、それがさらに転写されて変化するという経過を辿ることがしばしばある。DNAの転写ミスよりはるかに大きい確率で変化が起こりうる。とりあえずこの部分に関しては、わかりやすい「土屋家本」に従っておきたい。

　宗二のいう天目には白天目と天目との二種類があった。そしてそのあとに「引拙《いんせつ》の天目は堺の油屋にあって、いずれも灰かつき」だという。引拙は茶人の名前、灰《はい》かつきは灰《はい》被《かつぎ》とふつう書き、中国南東部の福建省産の茶碗の一種である。白のつかない天目はその灰被のことをいっているようである。さらに「この外、灰被は方々にあって、上・中・下の差があるが、どのくらい数があるものかわからない」と述べるから、かなりたくさん輸入された茶碗だったことがわかる。

ここで白天目がどのような茶碗をさすのかは重要な問題だが、長くなるし本書の主題に直結しないのでバイパスを決め込んで、ひとつだけことばづかいについて書いておきたい。天目という語は現在、しばしば「黒褐釉《こくかつゆう》」の意味で使われる。「天目釉」ともいう。しかし、これは近代以降の用法で、『山上宗二記』にあるように天目は本来、茶碗のジャンル名称である。ただ、天目が黒っぽいものであるという認識は共有されていたらしく、白天目とわざわざ書きわけ、次にみるように黄《き》天目という名称も出てくるのはその証左だろう。

宗二の記述に戻ると、天目の次は「一　黄天目」という項。「是《これ》ハはいかつきに□候、只《ただ》天目是ハ世上《せじょう》ニ多キ物也、此《この》三色ハ天目ト云《いう》也」とある。「はいかつき」はやはり灰被であるが、□にしてあるところには「紛」か「劣」と読める異体の字の入っている写本が多く、かねてより二通りの読み方がある。前者なら「黄天目は灰被にまぎれている」ということになり、後者なら「黄天目は灰被より劣ったものだ」ということになる。黄天目とされる茶碗はいくつか残っていて、たしかに黄色いものもあるが、灰被と称される茶碗とどこがちがうのかよくわからないものが多い〔口絵4〕。あとで再説するが、ここでは「紛」と読んでおきたい。

「只天目」以下の文意は「只天目というものは世の中にたくさんある。黄天目、灰被、只天目の三種類を総称して天目というのだ」ということだろう。白天目はちょっと特殊だが、あとの三者がふつういうところの天目ですよ、と説明しているのである。

次に「一　けむさん」が登場する。建盞《けんさん》のことである。灰被と同様に福建省の産だが、生産年代でいうと灰被の先輩にあたる。宗二はこれを影星《えいせい》（曜変《ようへん》）、油滴《ゆてき》、烏盞《うさん》、別盞《べっさん》（鼈盞《べっさん》）、たいひ盞（玳皮盞《たいひさん》）の六種に分類して、いずれも建盞に含めている。ここのところは現代の解釈とちがいがあるが、そのことも後述したい。注目されるのは、これらが「代《だい》かろき者也《ものなり》」（値段の安いものだ）と簡単に片づけられていることで、曜変や油滴は室町将軍家の道具のなかでも貴重視され、いまや国宝・重文に指定されているものを含む一群であるが、当時の宗二らの、そしておそらく利休の茶風からは重視されていなかったことが窺われるのはおもしろい。

宗二のいう茶碗を読み解く

天目だの建盞だののあとからようやく「茶垸之事」という一節が始まる。

すでに述べたように茶垸はもちろん茶碗だが、いまどきの分類では天目も建盞も立派な茶碗である。さらに建盞も天目の中に入れられることが多いが、もともとは区別して認識されていた。桃山時代の利休たちの茶の湯でも、これらは別物として意識されていたことになるが、宗二が語る茶碗とは何だったのか？

山上宗二が茶碗として挙げているのは、「武田家乙本」によると、七種である〔表1〕。かならずしも各名称が一個の茶碗を指しているのではない。個別の名称もあれば類概念というべきものもあって、この分類上の混在がじつは『山上宗二記』の重要な特質だと考えているのだが、このことはもう少し先で述べる。

一　松本茶碗（引用本では「松」は「枩」）
一　引拙茶碗
一　安井茶碗
一　珠光茶碗
一　コンネン殿茶碗（「コンネン殿」は、「坤寧殿」で、中国の宮殿の名前だといい、コンネン殿茶碗は唐時代の玄宗皇帝の愛妃楊貴妃の嗽茶碗だという。他の史料から輪花青磁碗の一種だとされる）
一　善好茶碗（珠光茶碗に類する青磁茶碗だと推定されている）
一　井戸茶碗

表1　宗二のいう七種の茶碗

以下、順に主なものをみていく。

第一番に述べられているのが「松本茶碗」。「代五千貫《がん》」とまず値段が書かれている。まえに紹介した大壺の名品「三ヶ月」に匹敵する金額であって、第一級の評価であったことがわかる。その下に、惣見院殿御代に火に入り失せ申し候、と注記されていて、これまた「三ヶ月」同様に織田信長が滅んだとき、いっしょに本能寺で焼けてしまったという。

値段の次には「様子《ようす》」が描写される。失われた名品がどんなものだったのかを解説するのが『山上宗二記』の重要な役割のひとつである。宗二から直接に伝授を受けた人たちは、たぶん「口のあたりはこんな具合で、腰の曲線はこう」と、絵か手ぶりで脳裏に具体像を結ぶヒントを得ることができたかと思われる。宗二に直接接することのできないわたしたちはそうもいかないので、文章から推定するしかない。ともかく宗二のいうところは次のごとくである。

「五ツキサウタルせいしの茶碗ニ上ニふきすミ在」というのが様子の説明で、わかりにくいが、「五つの刻み目のある青磁の茶碗に吹き墨《ふずみ》あり」ということであろう。いまの展覧会カタログなら「五輪花《りんか》の青磁碗で、吹き墨の模様がある」とでもなろうか。宗二のいっていることはこれで概念的にわかるが、実物の姿を思い浮かべるとなると、これが案外にむずかしい。

輪花の青磁碗として、すぐに思いつくのが「馬蝗絆《ばこうはん》」という名の東京国立博物館が蔵する重要文化財の茶碗である〔口絵5〕。人気の高い茶碗で、各地の展覧会にもよく貸し出されるから、ご覧になった方も多いのではないかと思う。むずかしい名前は、割れ目を繕《つくろ》った鎹《かすがい》のさまが馬蝗という大型のイナゴに似ていることに由来する。中国東南部・浙江《せっこう》省産の龍泉窯《りゅうせんよう》青磁で、端正な形といい、比較的淡い色合いのノーブルな焼き上がりといい、なんとも美しいものである。この碗は口縁部《こうえんぶ》に刻みがあって、宗二のいう松本茶碗と共通するが、「馬蝗絆」のほうは六輪花になっている。その点で、松本茶碗は「馬蝗絆」タイプとは少し異なる。

もうひとつの特徴である吹き墨というのがむずかしい。やきものの装飾技法に吹き墨というのはある。染付《そめつけ》（青花《せいか》）にみるもので、伊万里焼《いまりやき》の白抜きの兎《うさぎ》と月の図の周囲をぼかす技法が代表的な例である〔図4〕。しかし、古い青磁にこの技法が使われているのは見たことがない。文字どおり吹き墨の文様のある青磁とすれば、よほど珍しいものである。

ただ、箱書や添え書きに吹き墨をした茶碗は見たことがある。この場合、実際に吹き墨技法で装飾したのではなく、釉薬ないし釉下に少し黒ずんだ薄雲のような色の部分が見えるものである。素地か釉薬のなかの鉄分かなにかがそのような発色をしたもののようにも

図４　吹き墨による「月兎《げっと》」の模式図
このような装飾技法は中国や伊万里の染付《そめつけ》（青花《せいか》）に見られる。

見えるが、釉薬に生じた細かい貫《かん》入《にゅう》（ひび）に浸透した微小成分《びしょうせいぶん》が経《けい》年《ねん》変化して発色したものかもしれない。それから類推すると、茶碗の一部にやや黒ずんだ雲か靄《かすみ》のような色合いが青磁釉から透けて見えるものということになる。宗二は結論として、この松本茶碗を「善い茶碗とはこのこと也」と認定しているし、値段からいっても珍重されたものであることはまちがいない。

『山上宗二記』で、松本茶碗に続いて紹介されているのが引拙《いんせつ》茶碗である。値段は三千貫とあるから、松本茶碗より四割安いことになる。茶碗の様子は少しずつちがうが「善《よ》キ茶碗ニ同」じだという。松本茶碗とどこがちがい、どう同じなのかを知りたいところだが、これまた本能寺で焼けてしまっている。

次に挙げられているのは安井茶碗で、これも三千貫。やはり様子が少しちがうが、「二ッノ茶碗ニ同シ」とある。この安井茶碗はこのころまだ存在していて、関白様（豊臣秀吉）から豊後《ぶんご》（大分県）の太守（大友宗麟《おおともそうりん》）に遣《つか》わされた、とある。しかし、いまに伝わらないから、天正一四年（一五八六）に薩摩《さつま》（鹿児島県）の島津義久《しまづよしひさ》が大友氏を焼き亡ぼしたときに失われたのかもしれない。

ついでにいうと、近年、大分市の大友氏居城や周辺の遺構が発掘され、戦国時代から桃山時代にかけて九州の一角に勢力を張った大名の実像が遺物からかなり推定できるようになった。やきもののほうでは、中国、朝鮮半島、ベトナム、タイはもちろん、ミャンマーの製品まで発掘されていて、大友氏が海外貿易に精を出していた様子がうかがえる。

さて宗二は、以上の三碗を「天下ニ三ッノ茶碗トハ此事《このこと》也」と最高に評価している。これらは様子にややちがいがあるものの、同じような茶碗であるという。ということは、名《めい》碗《わん》には当時としてのある規範か基準のようなものがあって、それがこの三碗の体現するところだったようである。

とりあえずのわたしの結論としては、「松本」「引拙」「安井」の三碗は、形態と寸法はきわめて近いもので、たとえば松本茶碗に「吹き墨」があるのに対して、他の二碗にはそのような目立つ表面上の特徴がない、と解しておきたい。すなわち、輪花の青磁で、ほぼ同じ形、サイズだが、焼き上がりがちがったものということになる。

珠光茶碗

天下に名だたる三碗の次に宗二が挙げるのは「珠光茶碗」である。「唐《から》茶碗也、ヒシヲ色、ヘラメ廿七在」と説明されている。先の三碗も、日本で青磁が作られていなかった当時だから中国の青磁で、唐茶碗であったはずである。にもかかわらず、ここにわざわざ唐茶碗と記すのはなぜだろうか。ひとつには、宗二の記述法は現代人が考えるような形式的整合性を目指していないということが考えられる。しかしたぶん、前の三碗は、最初の松本茶碗のところで青磁であると明記しているから、同時代の茶人にとってはおのずから唐物であることは了解されたと考えたほうがよさそうである。

「ヒシヲ」は醤《ひしお》で、醤色の釉色だという。このことば、染織の襲《かさね》の色目では黒みを帯びた紅色をさすようだが、ここでは褐色系の発色としておきたい。「ヘラメ」は箆目で、ヘラ描きによる刻線が二七本あるということであろう。この茶碗は、利休から千貫で数寄者《すきしゃ》（茶人）の武士・三好実休《じっきゅう》に売られたあと、本能寺で焼亡したと記されているから、残っていない。ただし、此類が三碗あると述べている。

現在、美術館などで珠光茶碗といわれる碗が何碗あるのか、正確には知らないが三碗ですまない数があることはまちがいない。右に推定した珠光茶碗の色や文様は、それら現存品の様子を参考にしている。そして現存の珠光茶碗が、宗二のいう珠光茶碗と同類だという前提に立てば、これらはいずれもあまり青みは強くなく褐色みを帯びた青磁である〔口絵6〕。

もうずいぶんまえのことだが、福建省博物院を訪ねた折のこと。同行の研究者Sさんが珠光茶碗につながる窯址《ようし》の出土品を見たいとお願いをした。相手は博物院の栗建安さんで、福建省の窯址発掘に携わり、水中考古学の第一線でも活躍している陶磁考古学者である。中国音ではリ・チェンアンだが、われわれは親しみを込めて日本語の訓読みでクリさんと勝手に呼んでいる。同行者の関心は、彼の勤務先である美術館に珠光茶碗があり、その原郷を知りたいということにある。

「調査に何日くらいを予定していますか?」とクリさん。顔にはいたずらっぽい笑みが浮かんでいる。

クリさんは、日本人が珠光茶碗ということばでどのようなものを思い浮かべるか、よく知っている。そして、われわれが明日、日本に帰らなければならないことも承知している。空港まで送ってくれることになっているのだから、これはあたりまえだ。

「そのタイプを焼いた窯址を三〇〇箇所くらい調査しました。資料が倉庫にありますが、全部見ますか？」

いじわるで言っているのではない。親しい間ならではの冗談であるが、同時に珠光茶碗の生産地を厳密に突き止めることの難しさの表現でもある。仕方がない。お任せで料理を頼むような具合だが、クリさんに代表的な窯址の出土品を適当に選んでもらうほかなかった。

そのとき見せてくれたのは、南安《なんあん》、同安《どうあん》、莆田《ほでん》の三つの窯址の出土品だった。いずれも福建省沿岸部で宋代を中心に稼働した窯場である。それらの発掘品から碗鉢《わんはち》形の代表的なものを選んで、両手を広げて抱える大きさの箱をひとつずつ、計三箱を倉庫から出してくれた。一日仕事では、それだけ見るので精一杯だ。

Sさんの見解によると、そのとき見たもののなかで強いていえば、莆田出土の破片が彼の勤務先の珠光茶碗にいちばん近いように思う、ということだった。高台内の削《けず》りが似ている、という。しかし正直なところ、それぞれの箱から出した破片を混ぜてしまうと、元の箱に戻すのが困難なほどこれらの製品は相互に似通っていた。

いずれも、青磁である。しかし、青磁といってもかならずしも青くない。だいたいがオリーブグリーンかやや褐色みを帯びた色調で、黄褐色《おうかっしょく》といっていいものもある［コラム4］。

〔コラム4〕陶磁器の色と酸化炎・還元炎

やきものの発色は基本的に素地や釉薬に含まれる金属成分によっているが、同時に窯の中の雰囲気によって左右される。窯内にじゅうぶんな酸素が送り込まれて燃料が燃えている状態を、窯の中が酸化雰囲気にあるといい、結果として酸化炎による酸化焼成になる。酸素の供給が少なく、空気中の二酸化炭素のもつ酸素によって燃焼する状態を還元雰囲気といい、還元炎による還元焼成になる。主な発色の成分が鉄であれば、酸化焼成だと褐色系（錆《さび》色）に、還元焼成だと青系統の色になる。銅が発色の主成分だと酸化焼成で緑系統になり、還元焼成だと赤くなる。学校の理科の実験で、ロウソクの炎の中に銅の粉を振りかける実験をやったことのある人はご記憶だろうが、炎の外側では緑になり、中では赤くなる。外側は空気に触れているので酸素供給量が多く、内側は酸欠状態で還元炎になるためだ。鉄がさびて褐色になるのや、銅がさびて緑青《ろくしょう》をふくのも同じ酸化現象である。

青磁は鉄分によって発色するものだから、窯内の雰囲気によって発色がちがってくる。そのため酸化炎で焼いた場合は褐色気味の青磁ができることになる。窯内で酸化炎と還元炎が入り混じる度合いによって青から褐色までの間でさまざまな色合いを帯びるのである。

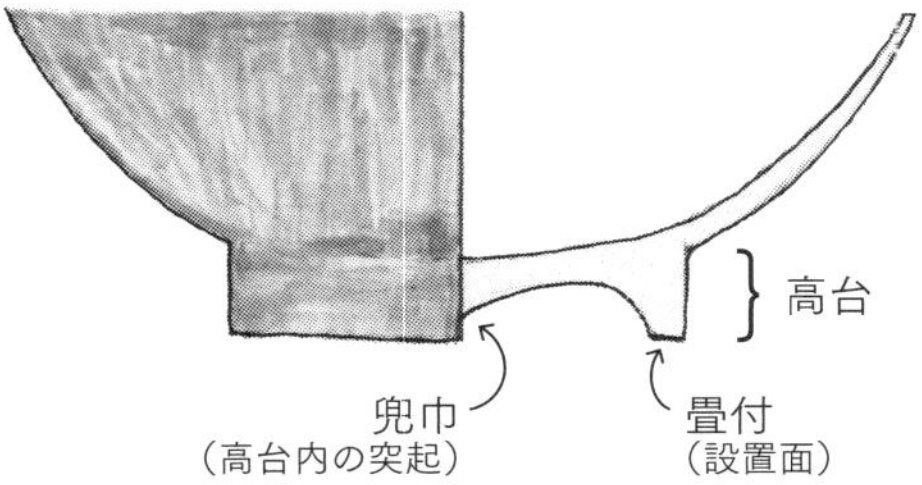

図5　兜巾の模式図
兜巾は本来、兜《かぶと》や烏帽子《えぼし》の天頂の突起を指すことば。高台の内側を削り出したとき中央にできる突起をこう呼ぶ。

外面には櫛目《くしめ》模様、内面には曲線で花唐草《はなからくさ》文《もん》とおぼしき文様が粗《あら》く彫りつけられている。腰の下部と高台には釉薬がかかっておらず、高台内には兜巾《ときん》と呼び習わしている突起が強く出ている。兜巾は、成形した器を裏返して、ヘラで高台の底土を削り取るときにできる〔図5〕。この削り方にその美術館にある珠光茶碗と莆田の破片とで共通性があるようにみえる、というのがSさんの見立てである。全体にいかにも手早く、量産を目指して作ったという印象がある。造形といい、焼き上がりといい、けっしてまえに触れた「馬蝗絆」のような精緻《せいち》な作ではない。

一時期、大雑把にいえば一二世紀から一三世紀にかけて、南安、同安、莆田といった福建省の沿岸部の窯で、こういうものをたくさん作った。モデルは浙江省の龍泉窯の製品である。

龍泉窯は、世界に冠たる美しい青色をやきもののうえで完成した大きな窯場だ。「馬蝗絆」もこの窯場の製品である。古代からの剣の名産地でもあるが、沿岸部から行きつくのにけっして便利とはいえない内陸部にある。十数年前に沿岸部の温州《おんしゅう》から行ったときは車で五時間くらいかかった。いまは、当時建設中だった高速道路網が完成しているから、もっと便利になっていることはまちがいないが、一二〜一三世紀には、舟航《しゅうこう》を利用するにしても製品を大量に出荷するのは苦労だったはずだ。これに対して福建省の沿岸部の窯は製品を海外に出すのにきわめて都合がよい。売れ筋商品となれば、これらの窯で安いコピー商品が量産され輸出される、という経済活動が活性化したことは疑えない。事実、あとでもみるように当時の海外交易の玄関口だった福岡県福岡市の博多遺跡では珠光茶碗タイプの破片がたくさん出土する。

珠光茶碗と粋な茶事のもてなし

クリさんがみせてくれた出土破片類は、かつて日本にもたくさん輸出されていた福建青磁の窯場で廃棄された仲間である。無事、日本に到着したもののなかから選ばれたのが珠光茶碗だった。珠光茶碗のことは珠光没後四〇年のころの記録が残っている。

天文一一年（一五四二）といえば、戦国時代の真っ只中、織田信長がまだ八歳のやんちゃ坊主のころである。この年の四月七日に、奈良で漆屋《うるしや》をやっていた松屋源三郎久政《まつやげんざぶろうひさまさ》は、堺の商人・薩摩屋宗折《さつまやそうせつ》（宗析《そうきん》ともされる）の茶事に招ばれて行った。天目で濃茶《こいちゃ》がふるまわれ、「珠光茶碗ニテ、ウス（薄）茶アリ」と久政は手控えに書き付けた。これが現在活字化されてみることのできる珠光茶碗ということばの初出である。

久政の生年はわからないが、慶長三年（一五九八）まで生きた人である。長命であったことはまちがいないものの、没年からいって珠光とは直接面識はなかっただろう。しかし、珠光も奈良の人だから、その人となりや茶風については親しく聞くところがあったにちがいない。茶碗を見て、「ほう、珠光さんの茶碗」と言ったかどうか。茶会記はなにも語らないが、主客の間でこの茶碗についてのやりとりがあったことは想像に難くない。

食事のほうは焼き物、汁、かまぼこなどが出たが、「菓子は出ず候」と久政はわざわざ書き足している。じつは、膳を引いたあとに「七種ノ菓子ノ画」がかけられた。菓子というのはいまのお菓子ではなく、果物《くだもの》のことだ。北宋の画家、趙昌《ちょうしょう》の筆とされる絵で、宗折自慢のものである。この絵がデザートですよ、という心であるが、これを見せるのがその日の会の亭主の粋な趣向で、わざと果物は出さなかったのだ。「花より団子」の逆である。

久政ほかふたりの客は亭主の馳走に満腹して茶席をあとにしたはずである。ちなみに、この「菓子ノ画」は『山上宗二記』によると、本能寺でやはり焼亡したという。織田信長の伝記史料『信長公記《しんちょうこうき》』にも「菓子ノ画」が信長の手もとにあったことは出ている。

このときの珠光茶碗が現存するどれかに該当するのかどうかはわからない。しかし、いまに伝世する珠光茶碗のどれかと同一個体でなかったとしても、同じような手のものではあったと思われる。

珠光茶碗のような同安窯系青磁はたくさんある

九州北部は、原始・古代のころから近・現代まで、盛衰《せいすい》はあるがほぼ一貫して日本の対外交流史に大きな地位を占めてきた。宋代の中国と鎌倉・室町時代の日本とをつないだ、いわゆる「日宋《にっそう》貿易」の玄関も九州北部の博多だった。博多の地下からは、なんらかの事情で廃棄された中国モノがたくさん出土して、そのことを実証してくれるが、おもに一二世紀後半の地層から出るものに、一時期、日本考古学の世界でしばしば「同安窯系青磁」と呼ばれた一群の青磁がある。これらは、やきものの性質からすれば珠光茶碗と同類といっていい部類のものである。

同安窯系というのは、同安窯の製品が一九五六年の発掘調査によってまず有名になったためで、「系」という字は必ずしも同安窯がそれらの系統の元祖であるというほど強い意味をもたない便宜的な名前だ。「珠光青磁」といういい方もある。珠光茶碗に似たタイプの青磁を鉢だろうが皿だろうが一括するのに珠光の名を借りたので、さらに便宜的である。しかし、便宜的というのは、学問的に厳密ではないけれど便利は便利で、多くの俗称と同様、こういえば同じ業界の人にはわかる。「同安窯系」とか「珠光青磁」のタイプといえば、東洋陶磁史だの歴史考古学だのの世界ではただちに相互理解が成り立つことになる。

博多で発掘に従事した方がたの表現を借りると、同安窯系青磁は独特の櫛描文《くしがきもん》と、やや黄味がかったどちらかというとオリーブ色に近い釉色を特徴とする碗と平底《ひらぞこ》の皿を中心とするもので、この青磁群は、福建省内の北から南にいたるまでじつに広い範囲で生産されていた。

村田珠光がいつ、いかなる経路で「珠光茶碗」を入手したのかはわからないが、おそらくそれは博多に陸揚げされた多くの「同安窯系青磁」碗のひとつであったろう。ということは、珠光茶碗自体、珠光が活躍したころから三〇〇年ほども昔に作られた舶来品のアンティークだったことになる。珠光さんも骨董好き、舶来品好きだったとすれば、いまの日本人にも共通する嗜好《しこう》の持ち主だったといえそうだ。

しかし、なぜ珠光は大量生産の茶碗を選んだのだろう？　それが次の問題である。

第五章　侘茶の茶碗が意味するもの

茶碗における類概念と個体名称

松屋久政が堺の薩摩屋宗折（忻）から薄茶をふるまわれた珠光茶碗が福建省からもたらされた宋代の青磁だったことはほぼ確実である。しかし、この茶碗が珠光自身の持っていた茶碗であったかどうかは定かでない。注目されるのは、『山上宗二記』で「此類《このたぐい》、薩摩屋宗忻ヨリ九州筑紫《つくし》へ参候《まいりそうろう》」とあって、「類」ということばが使われていることである。山上宗二がこの記録を書いた一六世紀後半、珠光茶碗という語が個体を指すのではなく、ひとつの種類を意味していたことがわかる。

『山上宗二記』で珠光茶碗に先立って述べられていた松本茶碗や引拙茶碗は、珠光茶碗と同じく人名が冠された呼称であるが、これらは個々の値段もついているから、それぞれが一個の茶碗である。松本茶碗や引拙茶碗は、松本さんが持っていたこの茶碗、引拙氏が愛用していたあの茶碗と、知っている人が個体を想い浮かべうるのに対して、珠光茶碗のほうは珠光さんが好んだあのタイプの茶碗ということになる。珠光茶碗なるものが、宗二のころ、ということは利休さんのころということでもあるが、少なくとも複数が知られていて、現在も数点の伝世品が知られているのは、この語の用法からすると当然といえば当然である。伝世の価値をべつにして乱暴なことをいえば、珠光茶碗が世に何碗あっても差し支えない。

『山上宗二記』には茶道具の名前がたくさん出てくるが、それらには個体の名と類概念《るいがいねん》としての名称が混在しているのである。

中国風を多分に残していたであろう室町時代の禅院《ぜんいん》や堂上《どうじょう》の茶から、いかにして日本的な侘茶が成立していったかは、茶の湯の歴史の大問題であるが、ここでは茶碗の名称や概念からなにがいえるかを考えてみたい。

個体識別《こたいしきべつ》という語がある。茶道美術の世界ではまず使わない。しかし、わたしはあえてこの語を中世後半以降、茶の湯の世界で発達してきた茶道具、なかでも茶碗を考えるうえでのキーワードとして有効であろうと考えている。

個体識別なる用語は動物行動学から借用したもので、ちょっと説明がいるかもしれない。たとえばチンパンジーの群れを長期にわたって観察・研究するとする。研究者にはまず、群れのなかの個々の構成員《こうせいいん》の特徴を見極めることが求められる。雌雄《しゆう》のべつ、体の大きさ、顔つき、体毛の具合、古傷《ふるきず》の有無などなど。これが個体識別である。識別された個体には名前がつけられる。「太郎」とか「花子」とか「ジョン」とか人間風の名前でもいいし、風貌《ふうぼう》や肢体《したい》の特徴や仕草《しぐさ》などから連想されることばでもなんでもいいのだが、ともかく一四一匹に名前をつける。これができあがると、個々の行動や群れの構成員の関係を他者にわかるように記述することができる。太郎が群れのボスで、花子がそのつれあいで、その間のオスの子がジョンである、といった具合である。

認識された対象に名前をつけて相互に区別する働きを認知《にんち》という。ふつうに親子関係などで使う認知である。あなたに子どもが生まれたとする。役場に行って、赤ん坊が生まれましたと申告すると、お名前は？ と聞かれるはずである。名前がないと戸籍上「認知」されない。認知学という学問ジャンルがあり、認知にもむずかしい理論があるが、ここではその程度の意味でこのことばを使っている。

「個体識別＋命名＝認知」は動物（人間を含めて）の社会を分析するときの有力な武器となる。ひとりで納得《なっとく》しているぶんには、「あれ」とか「これ」ですまなくもないが、他者と認識を共有するためには名前が大きな役割を果たす。対象がつねに指させる位置にあると限らなければなおさらである。

宗二が、後世『山上宗二記』と呼ばれることになる記録を書き、茶の湯の名品について述べようとしたとき、器物《きぶつ》の名前を書くことはどうしても必要なプロセスだったし、茶の湯の世界が地域と階層を超えて広がりつつあった時代の要請でもあったはずである。言語的な情報化には対象を他と区分し分離する名前が必要だ。ただ宗二が記録した名前には個別名称と類別名称の二通りがあった。松本茶碗は個別である。珠光茶碗は類別である。後者は厳密な意味では個体識別にならないから、赤ん坊のように茶碗を届け出る必要でもあれば、役場では受理・認知されないことになる。

分類体系こそ文化である

もうひとつ動物に関わる研究で認知の例を示そう。その研究というのは国立民俗博物館で活躍した福井勝義《ふくいかつよし》（故人）による、エチオピアにおける牧畜社会の調査に基づくものである。

福井さんはエチオピアで、「ボディ」という名の部族社会を調べたのだが、その社会がもつ色彩語彙《ごい》の豊富さに驚く。さらに、それらの色は近縁の色を集めたグループに分類され、それぞれの分類名称があり、また、幾何学的な文様にも細かな名前があった。福井さんは「それぞれの社会におけるものの分類体系こそ、私たちがいうところの文化」であるという。そしてさらに「ものを分類していく場合、分類の目安となる単位は、つねにものの名前、つまり語彙である。いくらもののちがいを認知していても、そこにちがった語彙が生じないかぎり、文化に反映してこない」と述べる。ここでいう「認知」は、役場で新生児を名前とともに受け付ける認知とは用法が少しちがっているのだが、福井さんたちの研究分野である認識人類学と役場の戸籍業務とでは言語の分類体系がちがうのである。要は、色彩の生理的な識別能力自体、社会ごとに差があるわけではないけれど、色彩認識は文化の特性によってちがいがあり、言語にそれが反映するというのだ。

エチオピアの牧畜社会で福井さんが収集した豊富な色彩や幾何学模様の語彙のなかには、ウシの毛色や体表に表われるパターンに関わることばが多かった。日本でも体毛の色によってウマを葦毛《あしげ》だの鹿毛《かげ》だのと区別する、あれの細かな分類と思えばいいのであろう。こういった動物の毛色や模様は遺伝と対応する。動物は一般に家畜化されることによって体色や斑紋《はんもん》の多様化することが知られている。イヌやネコに体色・文様の多様化が進んだのは家畜化と関係がある。キツネを何代か飼育することによってそのような多様化を実証したロシアでの実験も知られている。放牧中心の牧畜社会にとって、個々の飼育動物がだれのものかを見わけるのは必須の仕事で、ボディ社会では、体表に表われた色と模様によって動物の家系を認識し、所有関係を確認する。西部劇映画では焼きゴテをウシのお尻に押して所有者を表示するというやりかたを見たことがあるが、ウシを群れであっても個々に識別して言語化できれば、そんな乱暴なやりかたをしなくてもすむ。管理するウシの量もちがうからいちがいにいえないが、西部劇のカウボーイに比べるとボディ社会の人びとのやり方は、はるかに優雅である。

日本の抹茶茶碗をはじめとする茶道具には、動物行動学における個体識別や牧畜社会での家畜の認知に近い現象がある。

「茶碗と動物を同列に並べるとはなにごとか！」

茶の湯関係者からそんなお叱りを受けるかもしれない。しかし、群に類別し、そのなかに個体性を発見・認識し、名称をつけて認知していくやりかたは、方法論的には共通性がある。日本の茶道具には細かな分類があり、しばしば個々の器物に名前がつく。『山上宗二記』は、茶道具に関する分類と個体とに関する情報誌としても読める。茶人と茶道具との関係は、動物行動学者と対象動物の群れ、あるいはエチオピアのボディ社会の牧畜者とウシとの関係と構造的な面でよく似ているのである。

もうひとつ、さらに卑近な例をいう。考古学者の佐原眞《さわらまこと》さん（国立歴史民俗学博物館館長・故人）から若き日のドイツ体験を伺ったことがある。店に肉を買いに行くと、どの部位が欲しいのかと細かく訊かれて返答に窮したという。いっぽう、個々の魚の名称には無頓着で、これとかあれ、といった代名詞が幅をきかす世界だったそうだ。

日本人の肉食が一般化するのは、原始古代社会をべつにすると近代以降のことである。子どものころ、肉を買いに行かされるとき、用途（たとえば、すき焼き用）と大体の値段（あるいは上・中・下）についての指示が親からあったが、対象動物の部位についての細かな指定をされた記憶がない。鶏肉については、モモだのササミだのという程度の区別はしていた。近ごろの店では、かなり細かな分類があって、肩肉《かたにく》だの背肉《せにく》だのの部位、ロースかフィレかといった区別がつき、ウシの体に境界線を入れた部位説明図が店の壁に貼ってあったりする。肉食が身近になった証拠であるが、なお肉食の長い歴史をもつ地域のように各自の頭のなかでは明確な部位認識が一般化していないことをも示している。

魚肉では、ハラミだのエンガワだのの部位名称があり、マグロに関しては少し細かいようだが、ウシ、ブタほどの細分《さいぶん》は日本でもふつうはなされない。しかし、魚種にはうるさい。福井さんが喝破《かっぱ》したとおり、分類体系こそ文化であり、文化伝統に関わるのである。

やきものについてはどうか。世界的な規模で調べたことはないが、個々のやきものに名前がついているケースはそう多くはないようである。日本の茶器には名前をもっているものが多い。そこには文化的な背景があるはずで、それを考えるのがこの本の目的のひとつである。が、その前に『山上宗二記』の茶碗について、もう少しみておきたい。

天下一の井戸茶碗

井戸茶碗が日本の抹茶の世界で茶碗の代表格のひとつであることはすでに「まえがき」でも述べた。井戸茶碗の名前自体は、とくに茶人でなくても多くの日本人が耳にしているはずである。

講談や落語に「井戸の茶碗」という噺がある。かつては「屑屋《くずや》」と呼ばれていた流しの廃品業者が、頑固だが真っ正直な浪人と大名細川家の家臣との間で右往左往するという筋書きである。ふたりの武士のやりとりのなかで、浪人が日常使っていた古い茶碗が細川家の家臣に渡り、それが井戸茶碗の名品だったことがわかって……という一種の佳話だ。いまでは「いどじゃわん」と続けて呼ぶが、かつては演題のように「井戸の茶碗」と「の」の字を入れて呼ぶのがふつうだったのかもしれない。

この本は韓国での井戸茶碗に関する私的な経験から始まった。ここで『山上宗二記』の記述を手がかりに少しくわしく井戸茶碗について考えてみよう。そこには茶碗の個体識別に関するヒントが隠れているからである。

山上宗二は、

一　井ト茶碗　関白様ニ在

と、茶碗を列記した最後に書いている。「井ト」は井戸で、豊臣秀吉が持っているといい、さらに注記があって、「この一種は山上宗二が見出して名物になったもので、天下一の高麗茶碗である」と述べる。一種というが、文脈からこの井戸茶碗は群ではなく個体である。宗二がどこかで「発見」し、関白秀吉に献上《けんじょう》したものらしい。

「これこそ天下一の高麗茶碗でございます」

と、秀吉に対して宗二は語ったにちがいない。

『山上宗二記』には、写本にもよるが、ところどころに宗二自身の肉声を聞くような記述があって、人間的な興味をかき立てられる。いま、引用している写本の末尾近くにもそれがある。

けかさしとおもふ御法《みのり》のともすれば
世わたるはしと成《なる》そかなしき

という歌を引いて、「右此哥《このうた》を宗易《そうえき》老常に吟にて候、世上末の世に成《なり》宗易を始《はじめ》我等式まて茶湯を見《み》（身）過《すぎ》に仕《つかまつる》事口惜《くちおしき》次第也」と述べているところがそれだ。

宗易（千利休の法号）老は、「汚すまいと思う尊い仏法も、ややもすれば俗な世渡りの具（世を渡る橋）となってしまう」と嘆いた右のこの歌をつねづね吟じていたが、いまは、歌の作者である慈円《じえん》（平安時代末から鎌倉時代初めにかけて活躍した僧で歌人としても名高い。一一五五〜一二二五）が生きた時代と同じ末法《まっぽう》の世で、利休をはじめとして自分のようなものまで権力者に雇われて、茶の湯を身過ぎ世過ぎの手段にしてしまっていることが口惜しい、と無念の思いを吐露《とろ》しているのである。この述懐《じゅっかい》と「つらくせ悪く、口悪きもの」だった宗二の鋭角的な性格を重ねると、わがままな独裁者秀吉に仕える彼の苦汁《くじゅう》に満ちた胸の内がわかるような気がする。

せっかく見つけた「天下一の高麗茶碗」を秀吉に献じる宗二が、さらに「天下一の関白さまこそ、この茶碗をお持ちになるにふさわしいお方」とまで言ったかどうか。言いたくはないが、少なくともそんな意味は含ませざるをえなかったのではないか。織田信長に長く仕えた経験をもつ秀吉のほうでは、宗二が無理をしていることはお見通しである。宗二がのちに秀吉の怒りを買って、小田原で無残な死を遂げる結果にいたるには、宗二の鬱屈《うっくつ》した心理的な緊張が伏線としてあったはずである。

それはさておき、抹茶茶碗の代表格として高麗茶碗を考える人は多い。高麗茶碗の代表として井戸を挙げる人の比率はさらに高いだろう。目利《めき》きをもって自負する宗二が「天下一」と自慢する井戸茶碗ならば、ぜひ眼福に与りたいと願うのはわたしだけではないはずだが、いまに伝わらないのはまことに残念である。どんな茶碗だったのだろう？　という疑問と関心が湧くが、とりあえず答えはない。

珠光茶碗には推定する手がかりがあった。井戸茶碗にもそれはある。しかし、井戸茶碗の場合、伝世品の数が珠光茶碗に比べて格段に多く、そのなかでの変化の幅が広い。宗二は自分が見出した井戸茶碗がどんなものだったのかについて何も書き残していない。伝世作品のどれに近い作ぶりだったのかということを特定することは、無理な相談といわねばならない。

むしろ、井戸の作行《さくゆ》きの多様さこそ、井戸茶碗が侘茶の世界で愛され、高く評価された大きな理由のひとつだったのではなかろうか。宗二が「天下一」とまで誇るには、それだけの理由がなければならない。形なのか、大きさなのか、釉色などの魅力なのか――おそらくそれらが渾然一体《こんぜんいったい》となったよさがあったのにちがいない。

多様ではあるが、しかし、井戸は井戸である。主要な特徴を共有する一群のやきものがあって、そのなかで個々の作品が個性を主張しているのが井戸であるといってもよい。共有される特徴には、胎土《たいど》、釉薬と製作技術、そして結果として現われる焼き上がりがある。形も関係があって、器形は狭い範疇《はんちゅう》に収まりきらないヴァラエティがある。

共通項のところを簡単に述べておこう。

まず目に入るのが釉色で、淡い黄褐色ないし淡い灰青色を帯びていて、器壁《きへき》から高台にかけて、梅華皮《かいらぎ》と呼ばれる釉薬の凝縮《ぎょうしゅく》の出ているものが多い。胎土は完成品の場合、見える部分が少なく、伝世品の場合はさらに経年変化があるからわかりにくいが、半磁器質《はんじき》というに近くてかなり白い。つくりは、やや粗くロクロで水挽《みずびき》されて、器の腰から下は削りによる整形が施されている。

まあ、こういったことになるだろうか。「まえがき」で述べたように、どちらかというと粗っぽいやきものの一種だともいえ、韓国の一部で「マクサバル」と呼ぶのもいわれのないことではない。

〔コラム5〕井戸茶碗という名前はどこからきたか?

井戸茶碗という名前の由来、じつは、よくわからない。

この手の茶碗を持っていた人の名に因むというのが一説。松本茶碗というような例もあるから、ありうる話だが実証されているわけではない。

見込みが井戸のように深く感じられるから井戸茶碗というのだと説く人もいる。大井戸といわれる類には、たしかに深い感じのするものがある。すべての井戸にあてはまるとはいえないが、井戸茶碗の賞翫《しょうがん》が大井戸から始まったとすれば、こういう命名もありうる。茶が入ったところを上から見て、井戸の底をのぞきこむような感を抱いた人がいたかもしれない。

地名に由来する、という説もある。やきものには、瀬戸だの伊万里だの、地名を冠して呼ぶ場合が多い。中国やヨーロッパのやきものでも、たいていは窯場の地域名称がやきものの種類を指し示す。先に述べた龍泉だの同安だのは窯の所在地の名前がやきものの分類名称に転用された例である。高麗茶碗の場合、金海《きんかい》だとか熊川《こもがい》だとかいうのは、地名からきた名前だと思われる。少なくとも、そういう漢字で表記される地域は実在し、一部の高麗茶碗の産地だと推定されている。では、井戸という地名はあるのだろうか？

朝鮮半島南部の韓国・慶尚南道は、多くの高麗茶碗の故郷と考えられる地域である。その河東《ハドン》郡辰橋《シンギョ》面白蓮《ペンニョン》里にセミゴルという村があるそうである。セムとかセミというのは泉や井泉の意味がある。ゴルは村落のことだ。そのあたりに古い窯址があって、碗鉢型のやきものを焼いていたこともわかっている。これこそ井戸茶碗のいわれではないかという推定が生まれた。地名を日本語として翻訳表記すれば井戸もありうることだろう。買いつけた日本人が帰国し、だれかに見せるか売るとして、「井戸なるところの産」といえば、こういう名前になることも考えられなくはない。ただし、白蓮里の窯址では井戸ぴったりのものを焼いた痕跡は見つかっていない。

もうひとつ、井戸を地名由来とする説が近年、韓国で唱えられている。

井戸茶碗を焼いた窯場として有力視されている場所に慶尚南道鎮海市の熊川《ウンチョン》陶窯址といわれる古窯址がある。本書の序章で触れた窯址はここである。この熊川にヂョンゴルという地名があり、ヂョンは井戸の意味だから漢字化すれば「井戸村」となる。

この熊川は中世に朝鮮王朝が日本に対して開いていた三箇所の港（三浦《さんぽ》という）のひとつ、薺浦《ジェポ》から遠からぬ場所にある。熊川の窯で作られた碗などを、近くの薺浦に居住していた日本人たち（恒居倭人《こうきょわじん》）は「ヂョンゴル沙鉢《サバル》」と呼び、これが井戸という日本名のもとになったというのである。なかなか魅力のある説ではある。

井戸の見どころを考える

井戸茶碗がなぜ日本の茶の湯で好まれたのか？　そして今も人気があるのか？　この問いに答えてみたい、というのがそもそもこの本を書くにいたったきっかけだ。

まず井戸茶碗の見どころとされるものを考えてみよう。

井戸茶碗の代表といえば、もちろん大井戸である。ここでは大井戸の特徴から、井戸茶碗がなぜ日本の茶人たちに愛されたのかという問題に接近してみたい。

大井戸の鑑賞法としては、いくつかのポイントがある。茶道美術・陶磁史の専門家で長らく高麗茶碗を研究されている赤沼多佳《あかぬまたか》さんによると、かねて茶人たちが大井戸の特色としてあげてきたのはつぎの七つだという。いわく、「胴にめぐる轆轤《ろくろ》目、竹節《たけのふし》状の高台、高台内の兜巾《ときん》、枇杷《びわ》色の釉色、総釉《そうゆう》であること、高台周辺に梅華皮《かいらぎ》が多いこと、さらに見込みに目跡《めあと》が残っていること」。ただし、一碗にこれらの条件すべてが備わっていなければならないということではない。見どころとして心得ていなさいよ、といった意味に解してよいものであろう。

たしかに名品とされてきた大井戸を見ると、これらの見どころすべてを具備していないまでも、多くの点を共有していることがわかる。ひとつずつ、もう少していねいに見てみよう。〔図6〕

まずロクロ目。ロクロで器を挽き上げるとき、押さえる指の圧力のわずかな強弱でまだやわらかな器表に水平方向の凹凸が出る。これがロクロ目である。この凹凸を消すためにはヘラ削りで表面を整えたり、水で濡らした布・皮革《ひかく》などで調整を施す。表面が滑らかで

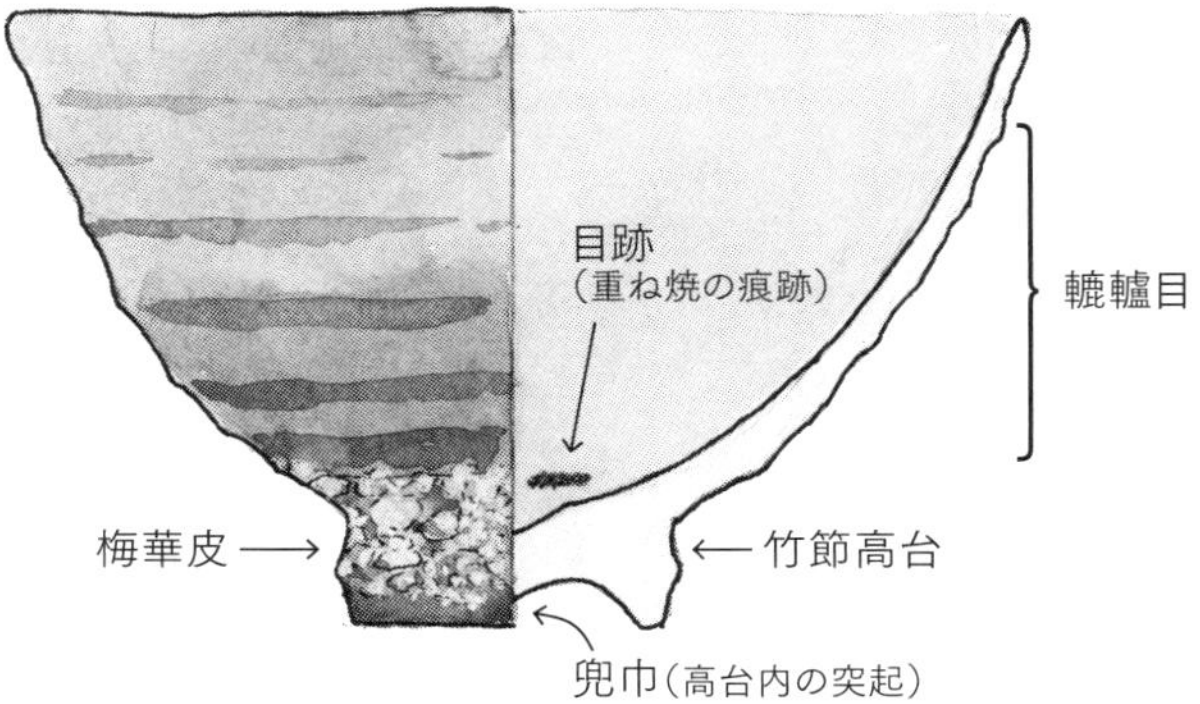

図６　井戸茶碗模式図

ある、というのは陶磁器の一般的な特徴で、ことに高級陶磁器の属性のひとつである。中国や日本の多くの磁器はもちろんであるが、朝鮮王朝（李朝）の白磁でも器壁は丹念に削って滑らかな曲線あるいは直線に調整してあるのがふつうである。井戸茶碗では、下部を削った痕跡《こんせき》はあるが、器壁全体に及んで丁寧に削ったものは見ない。

喫茶の風が日本に入ってきて以来、珍重されてきた唐物《からもの》には、日常品の壺などを除くと、このようなロクロ目はふつう見られない。この点からいえば、井戸茶碗は文字通り荒削りの茶碗である。龍泉窯青磁や建盞・天目に比べると、見方によれば格段に「粗末」ともいえる仕上げで、これをたとえば朝鮮王朝官窯の白磁などと比較すると、たしかに「マクサバル（粗末な碗鉢）」である。茶人たちは井戸にあるこの「粗《あら》さ」を逆に評価したようにみえる。

つぎに竹節高台。茶人は器の底部を気にかける。茶入では、ロクロあるいは作業台から器を取り外す際に表われる底の姿が鑑賞の眼目《がんもく》のひとつになっている。茶碗では高台の良し悪しが話題となる。

竹節というのは、碗部と高台部が接するあたりをやや深く削り、高台の下部も同じように削ると高台の中央部が少し高く残って竹の節目のような形状になるのを指す。大井戸のように高台が高く、使用する土の量が底部に多くなる場合、高台際《ぎわ》や畳付《たたみつき》（接地面）近くを抉《えぐ》ることにより底部の水分の溜りを減らす効果があって、そのぶん乾燥の均一化が図れるから焼き割れの危険が少なくなる、とはいえそうだが、果たしてそれが竹節高台の発生理由なのかどうか？　よくわからないので、とりあえずは窯場と時代の「癖」としておく。竹節高台はかならずしも井戸茶碗に限らない。時代的、場所的に井戸に近いと思われる窯場の白磁にもそのような高台削りはあるが、必ずしも一般的な高台型式ではなく、大井戸の特徴のひとつとして茶人の目にとまったのは理解できる。

大井戸の特徴とされる第三点として挙げられているのは高台内の兜巾。高台内の中心に残る突起である。底部を軽くする最も簡便な手法で、量産品によく見られる。大井戸の場合も、工人たちは手早く、ざっくりと高台の土を切り取っているように見える。茶人たちは、丁寧とはいえないが、そのこだわりのない、スピード感のある手際を賞玩したように思われる。

次は枇杷色の釉色。果物のビワの色である。この枇杷色というのも大井戸の絶対的な条件ではない。そういう色なら、より理想的だということだろう。現実の大井戸には、淡い灰青色を帯びたものや、褐色に近いものがある。ただし、井戸の釉は基本的に透明釉で、釉薬自体に枇杷色に発色する要素は少ない。しかし井戸の素地には微量の鉄分などの赤みや青みに発色する要素があって、透明な釉薬の下から少し温かみのある色の見えることがしばしばある。また釉薬には細かな貫入《かんにゅう》（ヒビ）があって、長年使っていると茶渋《ちゃしぶ》がそこに沁み込み、経年変化によって褐色を呈することがあるから、窯出し当時よりは全体的に赤茶色を帯びて目に映る。これが枇杷色である。

井戸の場合、釉調《ゆうちょう》は必ずしも一定していない。一器のなかでも変化がある。一部が枇杷色で、ほかは色調が異なる場合もある。均質でなめらかな釉調を高い完成度の証しと考えるなら、井戸はその点、完成度の高いやきものではないが、変化そのものを景色とみれば、そこに見どころが生じる。

その次は総釉であること。これは口縁から底裏《ていり》まで全体に釉がかかっているという意味である。たとえば代表的な唐物茶碗である建盞・天目は総釉ではなく、釉は腰のあたりまでである。珠光茶碗の類も高台の周りは釉をかけはずしている。いっぽう、唐・五代《ごだい》の越州窯や宋・元代の龍泉窯の碗はたいてい馬蝗絆〔口絵4〕のように総釉である。ただし、畳付の釉は拭《ぬぐ》っていることが多い。

朝鮮半島の場合、高麗時代の青磁や白磁の碗は、一部に例外はあるが、だいたいが総釉である。これは朝鮮半島で磁器が発生したときに越州窯の技術が基盤になり、のちに影響を受けた宋代青磁でも総釉が基本になっていたからで、井戸の釉掛けもその伝統を引いているのだと思われる。そして、このことが、残りの特徴の梅華皮と見込みの目跡とに関連する。

梅華皮というのは日常ではあまり使わないことばだが、もともと滑り止めとして刀の柄に巻くサメまたはエイの皮をいう。大小の丸みを帯びた白い突起は日本刀をみたことのある人なら思い浮かべることができるだろう。やきものに転用されてこう呼ばれる釉の縮れは、現代の井戸茶碗作りの眼目《がんもく》で、梅華皮を作り出すこと自体が目的化しているかに見える作品が少なからずある。あまりこれにこだわることもないのではないかと思うのだが、井戸の約束事のようになっているので、梅華皮がないと井戸にならないのだろう。

梅華皮の発生については過去にいろいろな説があり、釉の粘性《ねんせい》が強いためであるとか、乾燥が進み過ぎると削るとき胎土にささくれが出て釉が土に吸われるためだとかいわれてきたが、再現自体はそう難しいことでもないようだ。しかし、井戸が焼かれた当時の工人たちが意図して梅華皮を作り出したのではないだろう。たまたまそうなった。いや、なってしまったのではないかとわたしは思う。

製品としてはもっと滑らかに融《と》けた釉調のものが期待されていたのではなかったか。熊川陶窯址で発掘されたものをみると、梅華皮のないものも多いのである。あるとき韓国で井戸風の作品を作っている陶芸作家に、梅華皮の出ているものは当時の作陶からすれば失敗作ではなかったかというと、おおいに反発されたことがあった。しかし製作当時の生産者側からすれば、期待どおりできたものではなかった可能性が高いと思われる。ともあれ、こういう現象とその賞翫は、高台まで釉をかけることが前提になっている。

目跡も総釉にかかわるものである。井戸を焼いた窯では重ね焼きが行なわれていた。

やきもの作りは、一種の装置産業である。窯という大きな燃焼装置を作り、燃料を大量消費する。生産者とすれば、一回の窯焚《かまた》きでどれだけ多く能率的に生産できるかが関心事となる。こうして窯の空間を有効利用する方法が考え出される。重ね焼きはその最も簡便な方法であるが、そのとき総釉であることが障害になる。釉は融けると熔着《ようちゃく》する性質がある。せっかくの器同士がくっついては売り物にならない。窯床《かまどこ》と器の間や器と器の間に耐火性のある土などで詰め物をしてやる必要がある。これが支え「目」で、それが焼成後、器面に残った痕跡が目跡である。したがって、いちばん上に置く器には内面に目跡がない。井戸にも目跡のあるものとないものとがあるが、目跡は井戸が量産品であったことの証しである。それをも鑑賞の対象とするのは日本の茶人の眼だ。

以上が大井戸の見どころの茶味《ちゃみ》も素っ気もない、まことに味気ない解説である。ところどころ茶人が気に入ったらしい点に触れたが、井戸の見どころとされる諸点は総じて量産品につきものの特徴である。その点では珠光茶碗に通じるといっていい。

つまり侘茶の茶人は量産品を好んだのか？　結論的にいえば、そうともいえるし、そうでないともいえる。これは重要なポイントであるが、その前に井戸の特徴と茶人の好みの接点を考えてみよう。

唐茶碗は捨たりたるなり

『山上宗二記』で、井戸茶碗の記述をしたすぐあとに、宗二は有名な文言を書いている。

惣別《そうべつ》茶碗之事唐《から》茶碗ハ捨《すた》リタル也、当世《とうせい》ハ高麗茶碗・今焼《いまやき》茶碗・瀬戸茶碗以下迄《まで》、ナ

リ・比《ころ》サヘ能《よ》ク候《そうら》ヘハ数寄《すき》道具ニ候也《そうろうなり》

というのがそれだ。「だいたい茶碗については、唐物茶碗はすたってしまった。現在では高麗茶碗・今焼茶碗・瀬戸茶碗までで、ナリ（様子）と比（サイズ）がよければ数寄の道具になる」というのである。

「迄、ナリ」を「迄ナリ」と続ける読み方をしている場合もある。そう読むと、「比」さへよければ現在の茶の湯の道具になる、という意味になる。しかし、茶道具がサイズだけというのは、いかに過激な宗二でもいわなかったのではなかろうか。

どうも、このあたりが写本解釈の難しいところであるが、「以下迄也　ナリ比サへ……」というのが本来の文章だったのではないかと推定している。「なり、なり」と同じ音が続くために、筆写《ひっしゃ》の過程で「なり」がひとつ脱落してしまったのではなかろうか。「ナリ」と「比」をあわせて評価の目安とするのは宗二の道具の見方に関する基本的な特徴のひとつで、たとえば「松嶋」という名の茶壺では「ナリ・比」が土薬《つちぐすり》（胎土と釉薬）とともに論じられ、「白雲」なる茶壺でも説明に「ナリ・比・土薬」とある。また、茶釜《ちゃがま》の観方《みかた》を説いた部分でも「ナリ・比・膚《はだ》」が重要な要素として指摘されている。ここは「迄」でセンテンスを切って、「ナリ・比」と並べて読みたい。

「当世」ということばも『山上宗二記』にはあちこちに出てくる。「いまの世」「現在」ということだが、戦国の激動を経験した桃山人・宗二の歴史意識が窺われる。少し前の時代とはすっかりちがう世の中になった今このときに新しい茶を実践しているのだという自負のようなものが宗二の書く「当世」の裏にはある。

それはさておき、宗二が「茶垸之事」として述べたものは、ほとんどが唐物である。例外が井戸茶碗。和物《わもの》茶碗は、個別には挙げられていない。しかし、ここに高麗茶碗と並べて瀬戸茶碗の名がある。また、今焼茶碗というのも当時の現代作ということであろうから、これは和物と考えるのが妥当だろう。宗二は先人が高く評価したいくつもの唐物茶碗を列挙した挙句、いまの世の茶碗は高麗茶碗と和物茶碗にとどめを刺すといっているのである。そして、そのなかで具体的に例示したのは井戸茶碗であった。論の構造からすれば、井戸を代表とする高麗茶碗は、唐物と和物とを結ぶジョイントの位置にある。それこそが、高麗茶碗が担った茶碗史的意義だったのではなかろうか。

なぜ高麗茶碗だったのか?

宗二が「唐物茶碗はすたってしまった。現在では高麗茶碗・今焼茶碗・瀬戸茶碗まで」

というとき、唐物と和物との間に高麗物が入っているのはなぜか？

これについては、中・近世の遺跡を調査しているある考古学者がわたしに「侘茶の茶人が唐物茶碗以外の茶碗を求めたとき、和物で使える茶碗ができるまでは、とりあえず高麗茶碗しかなかったのではないですか？」といったことがある。明快な考えで感心したものだ。それが現実だったかもしれない。

茶の湯にふさわしい和物茶碗がいつできたのか、に関してはいろいろな議論があるが、唐津、楽を含む京都、瀬戸・美濃などの状況を考えると、早くとも一六世紀第４四半期あたりと考えたほうがいいように思う。侘茶が勃興《ぼっこう》してくる一五世紀末ころから一六世紀後半にかかる時期で考えると、たしかに唐物をはずすと高麗茶碗くらいしか茶人の使える茶碗はなかったかもしれない。しかし、そのような消去法的選択以外にもう少し積極的な選択があったのではないか。

高麗茶碗の多くは朝鮮半島南部の民窯《みんよう》的生産のなかで生まれたもので、「粗相《そそう》」の風趣《ふうしゅ》があり、そこが「侘び」に適うところである。同時に日本に伝世する多くの宋元の茶碗に比べると規範性志向の低いものである。少なくとも日本人の目にはそのように映る。これは形態にあってもそうであるが、たとえば井戸茶碗にみられる釉色の不均一、個々に変化のある梅華皮や、同じく慶尚南道産の高麗茶碗の一種である「蕎麦《そば》」と呼ばれる茶碗などによくある片身替《かたみがわ》りの釉調（これも意図的なものではなかったと思う）など、焼き上がりにも変化があり、中国陶磁よりひとつひとつの個体性が強い存在である。また、陶胎《とうたい》ないし半磁胎《はんじたい》のものが多く、使用しているうちに器表に変化が出やすい。これらはいずれも個別性を高める機能をもつ。

結論的にいえば、井戸茶碗に代表される高麗茶碗の受容《じゅよう》には、道具に個別性を求める侘びの茶人たちの要求が基にあったと思われる。その茶碗史的背景には、極めて規格化志向の強い中国陶磁には満たされないが、かといって、茶陶としてはいまだ独自の器形や装飾の表現形式をもたない日本のやきものでは使えるものがないという茶人側の事情があったのだろう。そこで「発見」されたのが朝鮮半島南部の民窯の製品だった。一定の規格のなかにありながらも個々には自由度が高く、侘びの茶人の茶碗として使えるやきものがあったのだ。華美を避けながら個別性を追求する当時の先端的な茶人たちの要請を満たすもの。それが高麗茶碗だった。山上宗二が太閤秀吉に献上した井戸茶碗について「宗二が見い出した天下一のもの」と誇ったのは、もちろんその井戸茶碗についてであったが、高麗茶碗という新しい時代にふさわしい茶碗を侘茶が発見したことの誇示とも読めるのである。

『君台観左右帳記』にみる唐物の世界

では宗二がいまはすたれたという侘茶成立以前の茶道具はどうだったのか？

室町時代の茶道具のありかたを示す記録に『君台観左右帳記《くんだいかんそうちょうき》』という書がある。これは室町幕府・足利将軍家の座敷飾りについて記したものである。数種類の写本が伝わっていて、細かくいえば内容にも議論があるようだが、活字化されて流布している『茶道古典全集』（淡交社）によって以下の記述を進める。底本は東北大学図書館本といわれるもので、「永正八年」（一五一一）の奥書があり、相阿弥《そうあみ》の編になるとある。

じつはこの書、相阿弥の祖父・能阿弥《のうあみ》がまとめたものが基になっているようで、能阿弥は文明三年（一四七一）に亡くなっているから、原本の情報はそれ以前のものが含まれていることになる。彼は室町将軍家の同朋衆《どうぼうしゅう》（近侍役《きんじやく》）で、唐物奉行《ぶぎょう》として道具類の鑑定だの保管だの飾り付けにたずさわった人である。相阿弥も祖父伝来の事柄を伝書の形で残したのだろう。『君台観左右帳記』は一五世紀後半の将軍家の道具類をうかがうことができる史料だとしていい。

ということで、中身を見てみる。

図７　伝徽宗筆「鴨図」
五島美術館蔵
徽宗（1082 − 1135）は北宋末期の皇帝で、北宋の衰退をもたらしたが、芸術家としては高い評価がある。

この記録は、まず絵画から始まる。徹頭徹《てっとうてつ》尾《び》、中国絵画である。三国時代の画家をはじめとして、唐、宋、金、元各代の画家の名前が列記され、それぞれ画題、技法などが添えられている。ただリストがあるだけではない。名前の上に、上、上ゝ、上ゝゝ、上中、中上、下上などの評価が書き加えられている。天丼、鰻丼の松・竹・梅をさらに細分化したようなランク付けで、ここに唐物奉行が美術品を整理した眼目がある。

北宋末期の芸術家皇帝だった徽宗《きそう》の名もある。書画の名手とされるから、さすがに「上ゝ」と評価されている。中国ではほとんど名が残らないが、日本で人気の高い牧谿《もっけい》（渓）は「上ゝ」で、やはり高い評価が与えられている。『君台観左右帳記』に掲載されている伝徽宗《きそう》筆「鴨図」〔図7〕と伝牧谿筆「叭々鳥《ははちょう》図」は現在、東京の五島美術館に所蔵されていて、いずれも東山御物《ひがしやまぎょぶつ》伝来のものだから、ご覧になった方も多いだろう。

絵画の次は「餝次第《かざりのしだい》」で、絵の大小やその他の取り合わせによっての飾り方が示され、さらに「書院《しょいん》飾次第」という項があって、棚飾《たなかざ》りや柱飾《はしらかざ》りの方法などが述べられる。ここでは図も添えられている。

茶垸物（磁器）と土之物（陶器）

絵画あとに「彫物《ほりもの》之事」（漆器類）、「胡銅《こどう》之物」（銅器類）の説明があって、「茶垸物之事」の項がある。茶垸は、第一章で述べたように古代以来の用字法で、中国製の磁器のこと。茶を入れたり、ご飯をよそう茶碗を直接指すわけではない。ここでは青磁、白磁などの概念が説明されている。

その次が「土之物《つちのもの》」という括《くく》りで、茶垸物＝磁器と対比される陶器質のものの謂いであるが、ここに挙げられているのはもっぱら茶を喫する碗である。いま風にいえば、これらこそ茶碗ということになる。興味深いことに小見出しには、「曜変《ようへん》」「油滴《ゆてき》」「建盞《けんさん》」「烏《う》盞《さん》」「鼈盞《べっさん》」「能盞《のうさん》」「天目」と列記されているが、「茶碗」という文字はなく、「天目茶碗」

のような言い方はしていない。磁器一般を「ちゃわん」と称している以上、当然といえば当然であろうが、すべて唐物である。いまでも茶碗の分類に使われることばが多く並んでいるが、少し説明を要するものもある。

四番目を「烏盞」と書いたが、原文では「烏」にガンダレが付いている。ふつうの辞書にはない文字で、ここでは「烏」で代用した。説明には「たうさんのなりにて、土くすりは建盞と同物なり。大小あり。代やすし」とある。『茶道古典全集』では「たうさん」を「兎盞」と解している。「とさん」が「とうさん」に転訛したものという解釈だろうか？ 建盞の一種に細かな筋目《すじめ》模様の出た禾目《のぎめ》天目というものがあり、中国ではその模様をウサギの毛に見立てて「兎毫《とごう》盞」という。兎盞ならば、その略体ということになるかもしれない。「湯《とう》盞」と書かれている別本もあって、こちらならば釉薬の上で顕著な文様のない黒い建盞タイプという可能性がある。値段が安いというから、あまり見どころがないとされたものだ。

烏盞のつぎにあるのが「鼈盞」と「能盞」である。このふたつ、区別がむずかしい。鼈はスッポンのことだが、鼈甲《べっこう》ということばがあるように、大型の亀にもこの字を当てる。鼈盞はもともと鼈甲を思わせる釉調の茶碗を意味していたと思われる。実際にそういう茶碗がかなり伝世している。アメ色と褐色の釉がマダラ状に入り混じって装飾となっているものだ。現在は、ふつう玳皮《たいひ》盞と呼んでいるタイプである。玳皮は瑇瑁《たいまい》（海亀）の甲羅《こうら》で鼈甲細工として使う。昔はメガネの縁や櫛・カンザシでよく見かけたものであるが、海亀の多くが絶滅危惧種となって、いまは輸出入が禁止されている。ついでにいうと、茶入にはよく象《ぞう》牙《げ》製の蓋が使われてきた。展覧会の展示で褐色の茶入に白い象牙の蓋が載っているのを見た人は多いだろう。これも輸出入には強い規制がかけられている。

　能盞は「能皮盞」としているものもあって、能の字は態のことだと解釈される。すなわち能（皮）盞は態皮盞《たいひさん》＝玳皮盞ということになるが、そうすると、鼈盞と能盞とは同じことになってしまう。別々に書いているので、そんなことはないはずで、それぞれに一応の説明がある（図8／コラム6）。

図8　玳皮盞　鸞《らん》天目茶碗
高 6.7 cm 口径 12.3cm　12 ～ 13 世紀　京都国立博物館蔵
外面に鼈甲のような文様を表し、内面には型紙を用いた鳳凰（鸞）文がある。『君台観左右帳記』の「鼈盞」にあたる。江西省吉州窯の産。

〔コラム6〕『君台観左右帳記』における鼈盞と能盞

鼈盞では「天目の土にて、くすり（釉薬）き（黄）色にて、くろ（黒）きくすりにて、花鳥いろ〳〵の紋あり」というのがその説明である。能盞は「これも天目の土にて、くすりきにあめ（飴）色にて、うすむらさき（薄紫）のほし（星）、うち外にひしとあり。代やすし」という。ムラサキは、いまではアカとアオが混じった色をいうが、中国語の本来の意味は暗褐色《あんかっしょく》のような黒ずんだ色である。星は斑文のことだろう。

さて、これでみると、鼈盞は花や鳥など具体的な形をなした文様があるもので、内外とも鼈甲のような茶碗が能盞ということになる。両様のものが伝世品にあって、文様によりさまざまな呼び方があるが、現在はいずれも玳皮盞とされる。『君台観左右帳記』の時代、識者のあいだでは、能盞・鼈盞と装飾のタイプでふた通りに大別していたものだろう。現在の理解では、ともに江西省の吉州窯の産になる黒褐釉碗である。

建盞と天目

もうひとつ、これらの説明で気になることばがある。「天目の土」である。

吉州窯の製品の土は、福建省の建窯製の茶碗（総称としては建盞）の土が褐色ないし黒っぽいのに比べて明るい色をしているのがふつうである。ここでわざわざ土について注意を促しているのは、その前に曜変〔口絵7〕・油滴など建窯の茶碗を列挙しているからである。つまりは、建盞タイプとはちがう天目タイプの土ですよ、と言っているのである。いまでは曜変・油滴も曜変天目とか油滴天目という名で呼ばれるが、室町時代には建盞と天目はべつの概念であったことがわかる。鎌倉時代の文書にもこの両者を明確に区別しているものがあって、その点、後世よりも分類がしっかりしていた面がある。しかし、ことばは時とともに変化する。天目茶碗という総称は、いまとなっては便利で捨てがたい〔コラム7〕。

天目は黒褐釉系の碗またはそれに類するものというのが現在の一般的な用語法だろう。白天目、黄天目というものもあるし、天目形《なり》という言い方もあって、これは釉色ではなく茶碗の形を指すから、白磁だろうが緑釉だろうが構わないということになる。瀬戸では古くから福建省の天目形を模倣した碗を作っているし、一七世紀には日本の磁器でもそういう形の碗を作っている。現代作でもときおり、たとえば緑釉の天目形茶碗などをみることがある。

〔コラム7〕新安沈没船と建盞・天目

一九七五年に漁師が発見した韓国新安《シナン》沖の沈没船〔図9〕は、翌七六年から発掘調査が開始された。水中の遺跡からは多数の陶磁器をはじめ、全二万四千点以上に上る文化財が引揚げられ、世界的に注目される結果となった。「至治三年（一三二三）」という中国・元の年号を記した木簡が発見されていて、そのころに難破した中国の貿易船とみられる。この船からは多くの中国陶磁器とともに若干の高麗青磁や瀬戸焼、日本製漆器なども引揚げられている。黒釉碗も多数あって、建盞が七〇点近く含まれていたが、これらはすべて使用痕があって、少し古い時代のものである。その他の黒釉碗は船の沈没時に近い新しい製品である。ただし灰被、黄天目のタイプは発見されていない。その引揚げ品のなかには天目形の漆器碗もある。

図９　引揚げられた新安船
韓国全羅南道木浦市・国立海洋文化財研究所展示

この船は中国発の東アジア・東南アジアの回航船だろうという推定もあるが、「東福寺」「筥崎《はこざき》」など日本関連の墨書のある荷札があって、船の目的地は日本だったと思われる。日本に残る建盞や天目茶碗は、こういった貿易船で運ばれたものが多かったことを窺わせる。

しかし、いざ「天目」ということばの原義ということになると、話は少し面倒である。広く行なわれているのは天目山に由来するという説だ。浙江省にある山の名で、仏教の聖山として有名なところ。鎌倉時代以後、日本の禅僧がしばしば留学していて、彼らの持ち帰った茶碗が「天目」だというのである。

天目の語義は山ではなく人名だという人もいる。茶道史研究家・岩田澄子さんの研究では、これは天目山に住し、多くの日本の禅僧にも慕われた中峰明本《ちゅうほうみょうほん》（一二六三〜一三二三）を意味するという。それが天目山で修行して帰国した禅僧たちが持ち帰った茶碗類の名に転じたというのが岩田さんの説である。天目という、いまでもよく使われることばでも、あらためて考えるとわからないことがある。次もそのひとつである。

灰被と黄天目

『君台観左右帳記』での天目の説明はどうなっているのかをみてみよう。
「天目、つねのこと（如）し。はいかつき（灰被）を上《じょう》とする也。上《かみ》には御用なき物にて候間、不及代候也《だいにおよばず》」というのがそれである。天目はよくあるもので、そのなかでは灰被が上等である。しかし将軍家にはご用のないもので、値段は書かない、といった意味である。

『君台観左右帳記』における天目情報は、この記述と右に触れた鼈盞と能盞の土が「天目の土」だということに尽きる。鼈盞と能盞すなわち吉州窯の土についてはわかっていて、建盞のそれより明るい色をしていることもすでに述べたが、さらに、天目の一種に灰被があることがわかった。

はいかつぎ。灰蒙と書く場合もあり、すでに『山上宗二記』でこの名をみた。いずれにせよ、灰が降りかかったように見えるという意味であろう。現存する伝世品で灰被とされるものを見ると、黒褐色の釉中にゴマ状あるいは短い点線状に斑の出たものがある。すべて匣鉢《こうばち》（さや。窯内での汚れや付着物を避けるためにやきものを入れて焼く容器）に入れて焼いているると思われるから窯内の灰を被ることはないのだが、細かな降灰のように見えなくもない。それでこの名がついたのかもしれない。しかし、ともかく灰被は天目の一種で、これより品質が落ちるがほかにも天目はある、というのが『君台観左右帳記』の記すところだ。

これを『山上宗二記』の「何《いずれ》も灰かつき、此外《このほか》灰かつき方々ニ上中下在リ、悉《ことごと》ク其《その》数を知ラス」という天目とを比べてみると、世の中にたくさんあって、品等には差がある、ということでは一致している。しかし、両者の表現には微妙だが重要な差異がある。

宗二によると、数ある天目のなかでも三つは天下の名品であるという。将軍家にはご用のないものであったが、紹鷗から利休に至る町方《まちかた》の侘茶のなかで選択され、重視されるようになったものがあったのである。しかも、それは関白秀吉までが所持するに至った。俗な言い方をすれば、これは天目の一部が出世をしたのにほかならない。もともと天目のなかで灰被は上等とされていたのであるが、天下の名品とされるものまでが出てきたということになる。ここまではいいのだが、前にちょっと触れたように、宗二はつぎに「黄天目」という分類名称を出して「是ハはいかつきに□候」と説明した。

□にしたところは、写本にわかりにくい字形のものがあって、読み方にはふた通り、「紛」と「劣」とがあることもすでに述べた。なぜ、「紛」と「劣」が紛らわしいかというと、漢字の扁《へん》を冠《かんむり》の位置に置いて書くことがままあるからで、糸の字と分の字を左右ではなく上下に並べて一字にすると、崩《くず》して書いた場合、劣の字と似た字形になる。

井伊直弼《いいなおすけ》（一八一五〜六〇）といえば幕末の大老《たいろう》で、安政の大獄、日米修好条約締結の当事者として、尊王攘夷《そんのうじょうい》派の目の敵にされ、江戸城桜田門外で暗殺されたことはよく知られている。舟橋聖一《ふなはしせいいち》の小説『花の生涯』は直弼を主人公にしたもので、映画やドラマでたびたび映像化された。直弼は彦根藩主として大老の職にあったのであるが、彼の前半生はけっして地位的にも経済的にも恵まれたものではなかった。藩主の子といっても一四男で、ふつうなら他家に養子に出るか、一生わずかな扶持《ふち》をもらっての部屋住みの身である。たまたま上の兄弟が次々に亡くなって、彼に藩主の役割が巡ってきたが、四〇代になるまでの直弼は茶の湯に熱心で、茶に生きようと考えていた形跡がある。茶書《ちゃしょ》もずいぶん勉強したようで、自ら書いた茶書もあるくらいだ。

直弼がどこからか『山上宗二記』を借りて写させ、あとがきをみずから書いた写本が彦根博物館に残っている。その写本では、やはり引用の□の部分が読めない字形になっているが、強いていえば「糸」の下に「分」と書いて一字を成しているようにも見えなくはない。そっくりの字形を当該の箇所に書いたべつの写本も現存していて、写す人もよく読めないままに字形を丁寧に真似たのではないかと推定している。コピー機のない時代、数寄者同士の間の本の貸し借りを考えると面白いが、直弼は黄天目を灰被に紛れたものと理解していたかもしれない。

現在、世の中に「灰被」あるいは「黄天目」という名前で伝世している茶碗はかなりある。黄天目のなかには、いまの知識からいえば、建盞や中国・北方窯の製品に分類しうるものが混じっているが、それらを除くと灰被と黄天目とは区別がむずかしい。

灰被の特徴は、多くの黄天目にも共通する。黒褐釉の下に覗く淡色の釉が黄色く発色しているものがあって、それが黄天目の名称の由来だとする意見もあるが、灰被にも同じような色が出ている。よく二重掛《にじゅうが》けと説明されているが、釉薬を二度にわけて掛けたわけではなく、高台を指で持って碗を釉薬に浸しながら回転させる過程で釉が重なったものだろう。

いまの状況からいえば、黄天目は灰被に紛れているとしか言いようがない。『山上宗二記』の幕末の写本に「紛」とも「劣」とも読めるような字形があるのは、当時の黄天目と灰被とに関する認識、あるいは現代まで続くその混乱がそのまま反映しているようにみえる。

利休や宗二の時代はどうだったのだろうか？

灰被と黄天目をわざわざわけて書いているところからすると、宗二にはその区別がわかっていたはずである。彼は、この部分に関しては『君台観左右帳記』の記述を踏まえて、もともと「これ（黄天目）は灰被に劣り候」と書いていたのではないかと私は推定している。それが宗二以後のどこかの時点で、実体として灰被と黄天目との差がわからなくなってしまったのではなかろうか。

宗二が『君台観左右帳記』に代表される室町将軍家周辺の価値観をよく知っていたことはまちがいない。そうでなければ、「唐茶碗はすたりたるなり」ということばは出てこない。唐物第一こそ侘茶以前の茶の美意識を示すもので、宗二の言はそれに対するアンチテーゼといえるものだからだ。しかし、同時に唐物に関する記述の一部は『君台観左右帳記』を受け継いでいることもまちがいない。たとえば、『山上宗二記』では、「天目之事」「黄天目」のつぎの「けむさん（建盞）」の項に次のように書かれている。

此内影星・油滴・烏盞・別盞・たいひ盞此六ッけいさんノ内也、代かろき者也

この記述は文字使いに一部ちがいはあるものの、『君台観左右帳記』の分類、順序とよく似ている。ただし『君台観左右帳記』では前の四者は建盞のうちだが、あとの二者は「天目の土」であると明記されているのに対し、『山上宗二記』では「この六つけい（む）さんのうちなり」と、すべて建盞に分類している。

この点についていえば、『君台観左右帳記』のほうが宗二より正確のようにも思われるが、宗二は『君台観左右帳記』をある程度踏襲しているようにみえる。「代かろき者（値段の安いもの）」というのも、『君台観左右帳記』の「代に及ばず候」に類似する表現である。

しかし、評価基準はべつだ。『君台観左右帳記』で土之物の筆頭として万疋とか五千疋と高く評価された曜変、油滴をひっくるめて「代かろき者」と言い放ち、将軍家には用のないもので「代に及ばず候」と低く評価された天目に天下の名物がある、と宣揚するのが宗二の立場である。

『山上宗二記』は、戦国末の世に生きた宗二の歴史意識がよく出ている記録で、それがすなわち「当世（いまの時代）」ということばに表われていることは前にも述べた。その意識は、

自分は利休とともに時代の先端にあるという気概でもあるが、過去の時代とどう向き合い、自分たちがそれらをどう変えてきたのかという強い自意識を伴うものでもある。村田珠光以来、侘茶が乗り越えてきた対象は『君台観左右帳記』に具体的な表現を見る室町将軍家を中心とした唐物の世界だった。そしてややくわしくみてきたように、『君台観左右帳記』が語る茶碗は類概念を主とするもので、個体識別は意図されていない。将軍家の道具という限られた空間での分類であったことも関係していようが、そこが利休や宗二が生きた時代の茶碗認識と大きな差のあるところである。

「唐茶碗はすたりたるなり」という一行にはたんなる流行の移り変わり以上の重い意味がある。茶碗の下克上《げこくじょう》宣言《マニフェスト》といってもいい。

〔コラム8〕江戸時代の天目観

唐茶碗はすたった、という宗二たちの認識のなかでも、天目自体は依然無視できない唐物だった。鎌倉時代以後、茶の湯の世界で天目茶碗は高いステータスをもつもので、現代の茶の湯でもそれは変わっていない。

江戸時代の初めころの天目認識を示す記録がある。

慶安四年（一六五一）といえば、由《ゆ》比《い》正雪《しょうせつ》による将軍職に関わる陰謀という怪事件が露見して大騒ぎとなった年であるが、この年、京都では近衛尚嗣《このえひさつぐ》が三〇歳で関白に任ぜられた。尚嗣はよろず勉学に励んだ人で、茶の湯も熱心に学んだ。自筆で書きとどめた『茶湯聞塵《ちゃのゆもんじん》』という記録があって（京都・陽明文庫蔵）、翻刻されている。ここに、灰被と黄天目の説明がある。

天目ノ事

十太夫本ニテ写ス

一　灰カツキト云ハ土黒又ハ青メニ下薬《したぐすり》黄色ニ表薬《おもてぐすり》ニギンアリ

同

一　黄天目土黒、表薬ニギンアリ、黄色也

土ハ白キモアリ、覆輪ギハ（際）ヲ引マハシテ

又ハ表薬黒クトモカケキレ候所ナト黄也

これを見ても灰被と黄天目の区別ははっきりしないが、「黄色也」というところからすると、語義からして当然ながら、灰被の類のうちで釉薬が黄っぽく焼き上がっているものを黄天目として分別したように読める。事実、そういう作品も伝世している。

覆輪際云々というのは、金属の覆輪を被せた口縁部の下端を一周して釉が流下し薄くなったところは黄色だということであろう。こういうものと、表面の釉薬が黒くても釉のかかりきっていない部分が黄色に見えるものも黄天目とするということのよう

である。土の白いものもあるというのは、焼きの具合なのか産地がちがうものが混じっているのか、よくわからない。総じて、一般の灰被に比べて黄色みが目立つものが黄天目だと述べているように思われる。

『茶湯聞塵』からもうひとつ記事を引いておく。これも「天目の事」と見出しが振られているが、別項である。そのなかに、天目の腰から高台に至る形の二類型が図示され、灰被の特徴である高台際の水平な箆削りがきちんと描かれている。『山上宗二記』にはしばしば、「口伝《くでん》あり」とか「密伝《みつでん》あり」とあるが、その口伝・密伝のひとつが、こういった高台の勘所であったのかもしれない。

現在では、灰被・黄天目のタイプは福建省中央部の南平《なんぺい》市にある茶洋《ちゃよう》窯で焼かれていたことがわかっている。建盞を焼いた建窯の所在地から一〇〇キロメートルほど南で、窯址のすぐ近くを閩江《びんこう》が流れ、省都の福州に直結する。福州からさらに少し下ると東シナ海で、日本への海の道が開けている。

灰被の製作年代については、南宋時代の後半から元時代にかけての一三～一四世紀とするのがふつうであるが、長年、福岡市博多遺跡群の出土陶磁器を調べてこられた森本朝子さんは、同遺跡群での灰被タイプの出土は一四世紀の中ごろが中心だという。とすれば元時代も終わりに近いころということになる。

また、前にも触れた「至治三年（一三二三）」銘の木簡を伴う新安沈没船からは、灰被タイプは見つかっていない。このふたつのことのみから判断すると、一四世紀の第1四半期までは灰被は生産されていなかったという結論になりそうだ。

白天目や只天目については触れなかったが、このへんで天目の問題をおしまいにしたい。宗二の歴史意識については「当世」ということばとともに触れたが、彼の生きた時代はまさに中世から近世へと急激に移る転換期だった。その象徴的人物として織田信長の名を挙げないわけにはいかない。これまでも信長の名は『山上宗二記』の記述のなかで「惣見院殿」という法号でなんどか出てきた。信長もまた茶の湯に深く関わった人である。この章の最後に、そのことに触れておこう。

織田信長と茶の湯

信長が本能寺の変で明智光秀《あけちみつひで》の軍勢に「あっけなく」といっていいほど簡単に攻め滅ぼされたのは謎ともいえるが、それは光秀の謀反に関しての謎で、軍事的にいえば必然ともいえる成りゆきだった。要は多勢に無勢である。あれほど戦上手の信長が、ほとんど無防備のまま本能寺に宿泊していたのは、信長がそこで茶道具を陳列していたからである。

茶道史や料理史に詳しい歴史学者・熊倉功夫《くまくらいさお》さんによると、

「いわば史上初の茶道具展だったんでしょうね」

ということになる。信長は自慢の茶道具を本能寺に集めて、望む人に拝見を許していたのである。すでに身辺に反抗者はいないと考えたのは結果的に信長の過信であったわけだが、たしかに文化的な催しに軍備は似合わない。『山上宗二記』に信長の死とともに滅んだ茶道具がいろいろと出てくるのはそういうわけで、光秀の挙兵がなければ、室町時代の後期にどんな茶道具が珍重されていたかについて、もっと具体的な多くの情報が残ったはずである。

ではなぜ展覧会ができるほど多くの茶道具が信長のもとに集まっていたのか？　意図的に、またほとんど強制的に収集したからである。信長の「名物狩り」ということばがある。よく知られた例では正倉院の「蘭奢待《らんじゃたい》」という有名な香木を切り取らせた事件がある。これを切らせたのは信長だけではないが、この行為には権力の誇示という側面もあったのだろう。ちなみに先に触れた新安沈没船では多くの東南アジア産と思われる香木が発見されている。これらは室町時代の日本の香に寄せる強い好みを物語っている。

信長が茶と茶道具に強い関心を抱いたのはなぜか？

ひとつには彼が茶の覚醒作用を愛したからかもしれない。信長は醒《さ》めた人であったらしく思える。酒に代わる茶は、そんな彼に格好の嗜好品《しこうひん》だった可能性がある。

しかし政治的にみれば、茶は信長にとって有力な儀礼的意味をもっていただろう。室町幕府の体制を壊していった信長は、自分が権力の座に昇ると、かつての堂上の儀礼に代わる集会の形ともいうべきものを必要としたはずである。上方《かみがた》の、なかでも堺の有力商人たちのあいだで流行していた茶の湯に着目した信長はそこに新しい意味づけを加えたように思われる。それが「茶湯御政道《ちゃのゆごせいどう》」と呼ばれるものである。

信長は茶の湯を自分の周辺の武将に勧めるとともに、室町幕府以来の名物を継承し、さらに民間にある数々の茶道具を献上させた。それらは華やかな城郭建築とともに権力者信長を荘厳《しょうごん》するものであったが、ここには儀礼や威儀を超えた目的もかいま見える。従来から評価の高い唐物に加えて、侘茶が作りあげつつあった新しい価値づけのある道具類。両者を手もとに集めることによって、俗な言い方をすれば、財産の倍増が図られる。高く価値づけされた茶道具は部下に対する褒賞としても、信長にとって使いやすい政治的道具であったことはまちがいない。ひとつの茶壺が一国一城に値する、と巷間いわれるような茶道具のインフレ化は信長の意図的な政治・経済政策とも考えられ、そのためには茶の湯の隆盛は彼にとって望ましいことだったのである。

『信長公記《しんちょうこうき》』という信長の伝記には「道具狩り」によって集められた茶道具の記述が含まれている〔コラム9〕。詳述は避けるが、そこには類概念に混じって個体名称とおぼしき茶道具の名前も散見される。信長自ら何処《どこ》どこにある、または誰々のもつ何々という茶碗や茶壺という指定をして茶道具を集めた形跡が伝記からも窺われる。高い価値をもつ個体としての茶道具が成立していく、『山上宗二記』の少し前の茶道具のありかたがそこにみられる。

そしてまた、堺を取り込むことは信長にとって必須の事業だったはずだ。信長が天下布《てんかふ》武《ぶ》（武力による天下統一）を成し遂げる過程で重要な役割を担ったのが鉄砲で、その威力は武田の軍勢を敗走させた長篠《ながしの》の戦いで遺憾なく発揮された。当時の鉄砲の火薬は黒色火薬で、木炭と硫黄《いおう》と硝石《しょうせき》が原料である。木炭と硫黄は日本で生産できたが、硝石は国産品がない。必然的に輸入に頼ることになる。信長にとって堺の商人から購入する硝石は権力の獲得と維持にどうしても必要だったのだ。茶と火薬、そして道具と、堺の茶人たちが信長政権に取り込まれていく。堺人・千利休が茶によって宮仕えを始めるのも信長のときからである。

大阪府堺市には「堺環濠都市遺跡《さかいかんごうとしいせき》」と総称される遺跡群があって連年調査が実施されている。そこからタイのアユタヤ近郊の古窯で焼かれた大型の壺がいくつか発掘されている。

それらのなかには南方から硝石を入れて運んできたのではないかと推定されているものもある。信長と堺との関係には、先に見た秀吉と博多との関係の先駆けともいうべき政治・戦争と経済界のありかたが茶とともにあった時代の実情が透けて見える。

〔コラム9〕織田信長の名物狩りと茶の湯

信長の伝記史料として知られる『信長公記《しんちょうこうき》』の元亀元年（一五七〇）の記事に、上洛した信長が「天下に隠れなき名物」に関する道具のメモを使者に持たせて堺へ差し向けたことが書かれている。そこには「菓子の絵」や茶壺、花入などが列記されている。さらに翌々年には大坂本願寺から中国の画家・玉澗《ぎょくかん》の「万里江山」図や白天目の献上を受け取っている。その後も茶道具が引き続き信長のもとに進上されてきた様子が散見され、「希《まれに》これある御道具参り集まり候なり」という状態だった。

天正六年（一五七八）正月には安土《あづち》城の六畳敷の茶室に子息の信忠《のぶただ》や武将を招いて朝の茶を振る舞っている。そのなかに明智光秀や羽柴（のちの豊臣）秀吉も含まれている。「東に松嶋、西に三日月」とあるのは『山上宗二記』に出てくる名物茶壺を床《とこ》に飾ったのだろう。ともに本能寺の変で焼けてしまったものだ。「周光茶碗」とあるのは珠光茶碗のことにちがいない。

天正九年暮れには秀吉が播州《ばんしゅう》（兵庫県）から一時もどって歳暮を進上したのに対し、信長は褒美《ほうび》として名物茶道具一二種を与えて中国路における彼の奮戦ぶりに報いている。茶の湯御政道の一端が、これらの記事からも窺われよう。

第六章　観者の表現主義

美術と個性

サキ（一八七〇〜一九一六）はわたしの好きな作家のひとりである。サキの『肥った牡牛』という小説に、つぎのような話が出てくる。もちろんサキ一流の辛味《からみ》の効いた諧謔《かいぎゃく》だ。

ある画家が展覧会に「真昼の平和」という、クルミの樹の下でまどろむ二頭の焦茶色の牝牛の習作を出品し、つぎに「真昼の聖所」という、二頭の焦茶色の乳牛がその下にいるクルミの樹の習作を出品した。さらに引き続いて「アブも来ぬ場所」「牛の安息所」「牛の国の夢」なるクルミの樹と焦茶色の牝牛の習作を発表し……。これがマンネリズムのパロディになりうるのは、画家は展覧会のたびに新しい別趣の作品を出品するものだという、近代美術界の暗黙の前提があるからだ。もっとも晩年のモネのスイレンくらいになると、毎年似たような絵を出してもだれも文句をいわないだろうが。

近代以降の美術では、表現に個性が求められる。ゴッホはゴッホでなければならず、横山大観《たいかん》は大観でなければならない。一作一作にも個別性が要求される。もっとも生活費稼ぎの小品のような、洋画でいうパン絵は、ここでいう話とは別である。吉行淳之介《よしゆきじゅんのすけ》が、落語家は同じ話を何度演じても許されるが作家はそうはいかない、という意味のことをエッセイに書いていたが、これが近代芸術家の置かれた状況である。

いっぽうで日本の近代教育のなかの美術史は多分に西欧流の美術史観に影響されている。それは建築、彫刻、絵画を主とするもので、工芸美術は「マイナー・アート」という位置付けであることが長く続いていた。いまではマイナー・アートということばをあまり聞かなくなったように思うが、工芸美術史という分野は、教育の枠内で依然としてマイナーな存在であるのが一般だろう。しかし、学校の講座とはべつに、工芸が日本人の生活の広く長く深い層に及ぶ美的存在として生きてきたことはまちがいない。おそらく、それは日本だけの現象ではなく、ヒトの営みの根源的なところに手技《てわざ》があり、美意識がある以上、必然的にそうなるはずである。ヨーロッパが個性表現を重視しつつ近代芸術の概念を形成していったとき、古くからあまりに身近にあり、またしばしば大量生産を目指してきた工芸が、マイナーな位置にあると規定されたに過ぎない。

しかし、どうもそれだけでは説明しにくいものが日本人の道具観のなかにあるように思う。その一面を、この本のなかでは「個体識別性」ということばで表現してきた。モノの個性といってもいい。ただ、近代芸術における個性でも「個体識別性」は根幹をなしているにちがいない。同じことではないか、と読者は問われるだろう。ゴッホの絵は、ゴーギャンの絵とちがい、ゴッホの「向日葵《ひまわり》」や「アルルのはね橋」は何作もあるが個々に別物である。それは「個体識別性」ということではないか？　まさにそのとおりであるが、わたしが考えていることには少しべつの面がある。

ゴッホは、画家自身の営為として個々の絵に個体性を注ぎこんでいる。観る人はそのことを感得する。そこにはゴッホの個性という源泉があり、絵はその発現として存在するということが前提となっている。これはゴッホという、いまでは有名な芸術家に限った現象ではない。ほとんど無名だった彼の生存中からそうであったはずである。冒頭のサキの作品がパロディとして笑いを誘うのもそのためだ。

これまでみてきた桃山時代以前の茶道具の場合、どうだったのだろうか？　この問題を考えることが、日本人と道具とのつきあいを知るひとつの道であるにちがいない。それは陶工の名前が伝わらないという点からもみえてくることだ。

陶工の名前

桃山時代以前の陶工たちの名前は、瀬戸における加藤唐四郎《とうしろう》のような伝説の類をべつにすると、いまに伝わらないのがふつうである。

こういう場合、よく無名というが、もちろん名前がなかったわけではない。生産地では

「ナニ兵衛」とか「ナニ郎」とかの名があって、「あいつはロクロの名人だ」、あるいは「うわぐすりの調合がうまい」などといった評価もあったにちがいない。しかし、彼らの立場は狩野派《かのうは》の有力画家などとはちがい、同時代にあっても狭い範囲を越えて名前が知られるということはなかった。したがってその後、国宝や重要文化財に指定されることになるような品々でも、なんという人が作ったのかはまずわからない。

日本でおおいに珍重されてきた中国や朝鮮半島、あるいは東南アジアのやきものの場合も同様で、珠光茶碗、高麗茶碗、南蛮《なんばん》（主としてベトナム産の陶器またはそれに類似する作品群）、ハンネラ（主としてタイ産の土器質のもの）などを作った人の名前はまったく伝わっていない。高麗青磁の場合は、まれに人名かと思われる文字が底部に刻まれていたりするが、どこのだれだか不明なのが一般で、一〇世紀の青磁祭器のなかに「享器匠《きょうきしょう》崔吉會」といった作り手の名前が刻まれているのは貴重な例外である。

ひとつには、窯の運営というのが、個人の仕事のなかでは完結しにくい共同作業であったという事情もあるだろう。窯場としての名前は、それがブランドとしての市場価値をもつ場合は、各地に伝えられたが、個々の人間は、頭《かしら》のような立場の人も含めて「無名」であるのが職人たちの存在形態であった。

例外はある。楽茶碗の始祖とされる長次郎《ちょうじろう》と楽家の人たちである。これには楽家が長次郎以来今日まで茶碗作りの家として続き、家の系譜についてかなりくわしい記録があるからである。さらに、長次郎が利休と出会って茶碗作りを始めたとされ、その後の楽家も千家との深いつながりのなかで存続してきたという事情がある。また文禄・慶長の役で日本に連れてこられた朝鮮陶工の名も一部に残っているが、これは歴史的・社会的な特別の背景あってのことだ。

茶碗の作り手としては、本阿弥光悦《ほんあみこうえつ》（一五五八〜一六三七）も名高い。光悦茶碗は和物茶碗として、最も評価の高い、そして人気のある一群である〔コラム10〕。しかし、光悦の名声は、京都の法華衆のリーダーとして、また芸術家として彼の茶碗作り以前に確立していた。やきものの職人として名が残ったわけではない。

〔コラム10〕光悦の茶碗

光悦の茶碗は基本的に彼みずからが釉薬をかけ、窯に入れて焼いたものではない。そういう作業は楽家など周囲の工人の助けを借りている。たとえば、楽家の道入《どうにゅう》に宛てて、これこれの釉薬をかけて焼いてほしい、といった内容の手紙が残っている。光悦が作ったのはあくまで形である。製陶はしばしば集団的、分業的作業を伴うから、光悦茶碗における光悦の関与が部分的であることは、多少の限定はつくが、とくに問

図10 光悦 黒楽茶碗 銘「時雨《しぐれ》」
高8.6cm 口径12.4cm 17世紀 名古屋市立博物館蔵
近代の数寄者・森川如春庵が愛蔵したもの。

題ではない〔図10〕。ピカソが絵付けをした皿はピカソの作品なのだ。

しかし光悦茶碗の場合、やきもの自体に本人の作品であるという印やサインにあたるものが付けられていない（仁清作品の場合はしばしば印が捺されているし、乾山作品には署名を伴う）。ほんとうに光悦の作品であるかどうかは、あくまで作品の造形や手癖《てぐせ》によってみるしかない。そのため、光悦茶碗として古くから伝承され、ほぼ定説とされる一群の作品のほか、みる人によって判断に差異のある作品もある。

江戸時代になると、少し様子が変わってくる。仁清《にんせい》という個人の通称のごときものを冠したやきものが出てくる。これを絵画や近・現代のさまざまなジャンルの作品における作者名と同列においていいのかどうかは問題があり、ブランド名として扱ったほうが適当ではないかとは思うが、ともかくそういう現象がある。

さらに下ると「乾山《けんざん》」。これにも、尾形乾山《おがたけんざん》（一六六三〜一七四三）が主宰する工房のやきものですよ、というブランドとしての一面があるようだが、書画の落款と同じ意識で署名されたとおぼしき作品群もある。乾山自身、芸術家としての高い自覚の持ち主であったように思われるから、この段階になると、近代芸術にきわめて近い形で作家とやきものが関連づけられるケースがあったといっていいだろう。

日本では、近世のとば口までは、やきものの作り手は世間的には無名であったということがいえよう。したがって、ゴッホの作品をゴッホという個性の発現としてみ、そのうえで作品の個別性をみるというような形での作品と需要者との関係はほとんどなかったはずである。

それでは、なぜ桃山の茶碗のような個別性に富んだ作品が生まれてきたのか？

そこには需要者からの強い要望があったのではないかと思う。それが「歪み」であったり、「全からざるもの」への評価が示唆する需給の関係であったにちがいない。

作者の個性を意識的に表現しようとする近・現代の芸術家はともかく、中世までの日本の陶工たちには、いったんロクロできれいにまるく挽きあげた碗をわざわざ歪めなければならない必然性はなかったはずである。なによりもひと手間余計にかかるし、ふつうの感覚ではまるいままのほうが商品として流通しやすいのではないか。しかし、唐津も志野も織部も、こぞって歪みのある茶碗を作り出した。これにはそれなりの理由がなければならない。そのことを次に考えてみよう。

流行と表現

ファッション界では、その年その年の流行色があるそうだ。わたしのように二〇年前の衣類を平気で着ているような人間にとっては無縁の話だが、報道や広告で「〇〇色が今年の流行色」といったことばを見聞きする。けれども桃山時代に、遠く離れた唐津と美濃の陶工が談合して「歪みのある器を作りましょう」などと決めたことは想像しにくい。需要者ないし需要動向をつかむ位置にあった側からの要望によるものと考えなければならない。茶道具にかぎっていうと、最終需要者はいうまでもなく当時の茶人にほかならない。

「表現主義」ということばがある。

西洋近代芸術のひとつの潮流を示す用語である。主として二〇世紀初頭のドイツ語圏に始まる美術、文学、音楽など、いろいろな分野にまたがった傾向を表わしている。絵画では強烈な原色、デフォルメされた形や激しい筆触などを特徴とする。このような表現は、一九世紀以前の多くの西洋絵画（絵画だけではないが）が追求してきた、対象をできるだけ客観的に写実的に表現しようとする傾向に反旗を翻すものにほかならない。表現されるのは、画題として見える対象そのものというよりは、画家の内面であって、それが非現実的な色、形、筆のタッチを通じて描き出される。たとえば風景画であっても、観る人は風景画が現実の風景と似ているかどうかを問題にし、鑑賞しているのではない。風景を借りて表現された画家の心象を絵のなかに観るのである。

わたしが桃山時代の茶陶をみて、しばしば感じるのは、表現主義芸術に接するのに近い感覚、ココシュカ（一八八六～一九八〇）やブラマンク（一八七六～一九五八）の絵を見ているのとよく似た感覚である。しかし、ココシュカやブラマンクの場合は、キャンバスのまんなかに画家自身がいて、観る人の多くは、個々の絵を通して画家その人に会っているといってもいい。桃山の陶器を覗きこんでも、多くの場合、作り手個人の顔はなかなか見えてこない。

たとえば志野。

白ないしごく淡い紅色や黄褐色の、どちらかといえばおとなしい地肌のやきものであるが、形にはしばしば変形が加えられ、歪みくねった姿になる〔口絵8〕。絵志野の場合は、そこに鬼板《おにいた》という酸化鉄を主成分とする色料による絵付けがなされる。ココシュカやブラマンクのような激しい色使いは見られないが、よく見ると、志野のなかには鉄銹《てつさび》色をはじけさせたような激しいタッチを感じさせるものがある。もちろん形を歪めたり、酸化鉄を強く打つのは陶工の手である。それは近代の画家の営みと選ぶところはない。加藤唐九郎《かとうとうくろう》や荒川豊蔵《あらかわとよぞう》の志野であれば、そこに作家の手のみならず、心をも読みとっていっこうに不思議ではない。それが近現代芸術の観方《みかた》であるともいえよう。

古い作品だって同じことではないか？　個々の陶工の名前や顔を思い浮かべることができないだけで、作陶という営為に差はないはずだ。しかし、そこが少しちがうような気がするのである。

志野や織部は、作者の個性を訴えるという意図で作られたものではない。あくまで結果として、生産品に個体性が表現されたのである。そこには需要者がそういうモノを求めたという背景があった。茶陶を購入する茶人たちが、モノに個体性を要求したのであって、個性的な独立人としての作者を要求したわけではなかった。このことは、志野や織部が生産される前の、唐物がすたれ、高麗茶碗などを賞玩《しょうがん》するに至る流れを考えてみると理解されるはずである。

個々の井戸茶碗に備わる個性は、けっして陶工の意図に出るものではなかった。たまたまさざまな梅華皮ができ、焼き上がりの差が生じた。そこに注意を向け、その個別性に着目したのが日本の茶人である。言いかえれば、需要者が個別性を「発見」したのである。個別性は使い手＝需要者が必要としたものだった。

使い手＝需要者はまた鑑賞者でもある。彼らの選択圧をわたしは仮に「観者の表現主義」と呼んでいる。仮に、というのはわれながらあまりうまい表現とも思われないからであるが、とりあえずこのことばを使う。

茶陶はしばしば伝世が大事にされる。それは先人、師匠の事績を重んじる態度の表われであるが、同時に選択者の重要性を意味している。茶杓などは作者が問題にされるが、やきものや漆器、釜など、装置・設備の必要な専門領域ではしばしば「利休さんが選んだ」「織部好みである」ということが重視され、選ばれ、好まれたモノ自体の価値づけに先行する。選択者すなわち使い手であり、需要者である。「だれがどこで作ったか」よりも「だれがどう選んだか」が優先する世界である。

需要者は需要者自身の自己表現として器物を選択しようとした。そのためのもっとも確実な方法は自分で作るか、直接発注するかである。利休はみずから竹を切り、花生や茶杓などの竹製品を作った。ときに人が持っていた瓢を自分の好みに作り替えた。茶碗に関しては在来のもので満足せず、長次郎に茶碗作りを託した。利休のように身近に便宜をもたない場合でも、選択したモノを使用することを通じて自己を表現しようとする、それがわたしのいう「観者の表現主義」にほかならない。

発見と選択——自己を投影する器物

侘茶の祖とされる珠光は、みずからの茶碗として中国・福建省南部で作られた茶碗を選んだ。それがいわゆる珠光茶碗で、これについてはすでに述べたが、当時の足利将軍家周辺の価値基準からすると、けっして高く評価されるようなものではなく、むしろ無視されるものだった。舶来品の磁器ではあるが、数多く輸入された量産品で、龍泉窯青磁の優品や建窯の曜変・油滴などに比べると粗末ともいうべき品である。それを珠光は、自身の侘びの意識を体現させる茶碗として選択した。後世からみれば、これは「発見」として象徴的な意味をもつ行為だったといえる。たんにひとつのものを発見したということではない。「あるものを選択することによって自己表現すること」を発見したとでもいえばいいだろうか。

珠光の自己表現はもちろん茶碗にのみあるのではない。侘茶という名で呼ばれることになる茶の実践の総体が、彼ないし彼が主導したとされる茶風の共感者の自己表現だったはずである。茶碗に限らず、他人が作った器物にも、選択を通じて自己を投影させるというかたちでの表現形式は、その後の茶の湯においてひとつの規範をなしていった。あえて「観者の表現主義」というへんなことばを使っている所以である。

ファッションは自己表現である、といわれることがある。アメリカの歌手レディ・ガガ嬢などをみていると、なるほどと思わないではない。珠光もガガ嬢も同じことではないか、といわれれば、そうですねえ？　料理作りだって掃除だって自己表現のレベルでも考えられる。優れた料理人は料理に自己を投入するはずだ。珠光とガガ嬢を同じ地平で論じていいかどうか、疑問もあるが、衣装なり化粧なりに自己のもろもろを投影し、それがその後の人びとの行為や考え方に強い持続的な影響を与えた人がいれば、それは珠光と比較検討するに値するだろう。たとえばルイ一四世のファッションや食卓はそうかもしれない。

器物に自己を投影させるためには、対象となる器物にも自己に対応する個体性、個別性がなければならない。珠光茶碗は、いまとなってはひとつのタイプを指す類別名称として使われているが、珠光が選択したとき、それはほかの茶碗とちがう唯一の存在としての茶碗だったはずである。なぜそれが、福建省の地方的な青磁だったのか？　多分に偶然の結果ではあっただろうが、珠光がその茶碗を見たとき、「これこそ」と感得するところがあったにちがいない。

珠光の美意識を示すことばとしてよく引かれるものに「月も雲間のなきは嫌にて候」がある。月がただ空に浮かんでいるのではなく、雲の間に見え隠れするのでなければ面白くないという意味である。世阿弥の女婿のそのまた孫にあたる金春禅鳳《こんぱるぜんぽう》（一四五四～一五三二）が奈良で弟子たちに教えた折の話を弟子のひとりが記したもので、右のことばの前に「珠光の物語とて」とつく。禅鳳が珠光の話を記憶していて、周囲に語ったのである。わたし自身はこの記事のある『禅鳳雑談《ぞうだん》』を直接見ていないが、永正年間（一五〇四～二一）に書き留められたというから、珠光の没年（一五〇二）後間のないころで、珠光が活動した奈良でのことでもあり、禅鳳の周りに集った人たちが興味深くこの話に聞き入った姿が目に浮かぶようだ。

晴れた夜空に満月が出ている空を想像してみよう。絵に描いてみるとなおよい。それだけでは、先月の月も去年の月も格別の差がないものになってしまう。そこに雲がかかると、雲が流れ、形を変え、一瞬一瞬の月はそれぞれ同じではなくなる。それを見ることこそ月を愛でることだ、と珠光はいっている。これは当然、珠光の器物観に通じるものであるはずだ。ただなめらかで完全に円《まる》い茶碗ではなく、名の伝わらない中国の陶工が毎日毎日、数多く作った茶碗、それだけに一応の規範・規格はあるものの、厳密に同一ではない自由度のある茶碗を珠光は選んだのだと思われる。そして、そこに表われている派手さを求めない「粗相」な侘びた風情こそ、自己の茶の湯を投影することのできる対象だったにちがいない。象徴的にいえば、それが侘びの茶碗の発見だった。個人としての侘びの茶人における器物には、個別性という性格の発見が内包されていたように思える。ところで、右の珠光のことばも、どこかで見たようなところがある。

花はさかりに、月はくまなきをのみ見るものかは。雨にむかひて月を恋ひ、たれこめて春の行方知らぬも、なおあはれにふかし。

右は『徒然草』第一三七段からの引用である。「花はさかんに咲いているとき、月は翳《かげ》りのないときにのみ見るものではない。もうすぐ雨になりそうな曇り空に月を想い、簾《すだれ》を下ろした室内で春の経過がわからないというのも、風情の深いものだ」と作者の吉田兼好《よしだけんこう》（卜部《うらべ》兼好、一二八三?～一三五三?）はいう。兼好はさらに、「明るくはるかな空にかかる満月よりも、明け方近くになってようやく顔を見せた月のほうがずっと心に深く感じられ、青みを帯びたような色合いで深山の杉の梢《こずえ》にかかって見える月が、暗い木々の間やさっと時雨《しぐ》れた叢雲《むらくも》に見え隠れするのは、またとない風情だ」と続ける。こういう月こそ兼好法師の好みであったことがわかる。

「月はくまなきをのみ見るものかは」は、珠光の「月も雲間のなきは嫌にて候」によく似た表現で、珠光のことばは『徒然草』が念頭にあって出てきたものかもしれない。直接か間接かはともかく、珠光の美意識は二五〇年ほど前の兼好のそれに通じるもので、必ずしも珠光だけの感覚ではない。

むしろ兼好法師のほうが珠光よりも過激である。見えない月を恋い、外景の見えないところで季節の移ろいを感じようということまでいっている。脳裏のなかの風物に心情を託しているので、この境地に至れば、混雑をかきわけて物見遊山に出かける必要もないから、たしかに心穏やかであろう。茶碗そのほかの道具にこだわることもないにちがいない。

兼好の意識には、鎌倉時代から室町時代にかけての動乱の時代に生きた人の無常観が反映していて、それは『徒然草』同段の賀茂社の祭りを述べたところで、行列の通り過ぎたあとの大路を見ることこそ祭りを見たことになる、といった感想からも窺われる。しかし、その美意識の部分を抽出してみると、兼好をさらにさかのぼって、すでに引用した清少納言の『枕草子』の「女一人住む所は……」という一文にたどりつく。侘び道具の選好には長い日本人の意識の流れが投影している。

全からざる像　ニケとヴィーナス

しかし「全からざる」ものに美を感じるのは、日本独特かといえば、これまたかならずしもそうではない。たとえばヨーロッパのロマン主義のなかで、「廃墟《はいきょ》の美」が強く意識されたことがある。過去へのなかば幻想的な追憶がギリシアやローマの古代遺跡の廃墟の風景に人の心をいざなったのであろうが、人は全きものに憧れるとともに、それが傷つき毀れた姿に共感を覚える心性ももっているようである。

図 11　サマトラケのニケ
フランス　ルーヴル美術館蔵

ルーヴル美術館に行くと、まず目に入るのが「サマトラケのニケ」像〔図11〕。巨大な翼を広げて歩み出ようとする姿は勝利の女神としての力に満ちていて、多くの観客に忘れがたい印象を残すであろう。ご存じのとおり、この像には首も腕も欠けている。もちろん制作された当時はあったのだが、サマトラケ島で再発見されたときは、すでに大きく壊れていた。

四〇年ほど前に初めてこの像の前に立ったわたしは、勝利の女神の前にひれ伏すひとりの敗者のごとく圧倒されたのだった。ながくその印象は尾を引いているが、もとの完全な形はどうだったのだろうという想像もときどきしてみたものだ。もちろん多くの古代ギリシアの彫刻資料があるから、復元作業は専門家がすでに行なっているであろうが、一鑑賞者としてはみずからの頭の中での楽しみである。しかし、いまはそのような思考はやめてしまっている。自分がこの像から受ける感動のなかには、その「不完全性」によって喚起《かんき》されたかと思われる感情が潜んでいることに気づいたからである。もうひとつ同じルーヴル美術館の類似例をあげてみよう。

「ミロのヴィーナス」〔図12〕は、たぶんもっとも日本人に親しみのある西洋

図12　ミロのヴィーナス
フランス　ルーヴル美術館蔵

彫刻ではなかろうか。わたしの中学校時代にすでに、社会科の教科書に小さくはあったが写真が載せられていた。この像はなぜこれほど人気があるのか？

顔・形がきわめて端正で古典美を代表している、といったことがふつうの説明としてあって、それはそれで正しい。いまは欠けている腕があれば、その評価はさらに跳ね上がるにちがいない。しかし、腕が失われていることが、美術史的評価とはべつに人気を支えている面があるのではないか、というのがわたしのひそかな思いである。

ミケランジェロのピエタ

このような考えには異論も多いことだろうから、さらにひとつ、西洋彫刻の例を引く。ミケランジェロは生涯にいくつかのピエタ像を作った。おそらくもっとも有名なのは「ヴァチカンのピエタ」で、マリアが十字架から降ろされた死者たるイエスを膝《ひざ》に載せている形が大理石に彫り出されている。両腕の肘《ひじ》から下をやや広げるようにしたマリアの姿勢は顔を前傾させているが垂直に近く、母の膝に支えられたイエスの腹部から腿《もも》にかけてはほぼ水平で、左右に広がったマリアの着衣とあいまって、全体として三角形に整った美しい構図をなしている〔図13〕。

図13　ミケランジェロ　「ヴァチカンのピエタ」
イタリア　ヴァチカン美術蔵　1948 − 99年

処女である母の少しうつむいた顔や手先は若々しく美しい。細部にまで神経の行き届いたリアルな彫刻で、端麗ということでは人為として完璧に迫って聖母子の神性を視覚化しているといっていい。

いっぽう、同じ作者の最後の作「ロンダニーニのピエタ」では、マリアはすでに中年とみえ、生命を失って崩れ落ちるイエスの肉体をやっとの思いで支ええようとしている。縦長に引き伸ばされた構図は、ミケランジェロのマニエリスムへの傾斜と説明されるのだろうが、ここには、腕から手からたちまちに流れおちてしまった子どもの命を悲痛な思いで掬《すく》い取ろうとする絶望的な母の生身の姿が描かれていて、神性よりも人間性の表現が

図14　ミケランジェロ　「ロンダニーニのピエタ」
イタリア　スフォルツァ城博物館蔵　1564年

強く観るものに迫る〔図14〕。

ヴァチカンのピエタが完成度の高い作品であることには、だれしも異論はないであろう。かたやロンダニーニのピエタは八九歳の作者が死の直前まで鑿を入れていた未完の像である。しかし、この母子像が人の心に訴える力は圧倒的である。少なくともわたしはそう感じる。ミケランジェロはこの作品を通じて、完全な神性よりも、不完全であることを宿命づけられた人間そのものを表現しようとしたのではないか、あるいはそこに行き着いてしまったのではないかという、そんな想念にとらわれる。ロンダニーニのピエタの、対称性を放擲《ほうてき》し、未完のためではあるが、結果的にイエスの下肢以外には大理石彫刻の利点ともいうべき滑らかな肌を拒絶したようにみえる作風は、神聖な母子というより、死んだ愛し子をかき抱くふつうの人間の母の悲しみ、絶望を表わすに適しているようにみえる。

サマトラケのニケやミロのヴィーナスを好む感覚のなかにも、神よりも人間を求める心性が働いているように思う。腕を失ったことにより、完璧な女神像ではない、より人間的な存在として感受されているのではなかろうか。トルソ（四肢のない胴体像）のもつ存在感もそこに関連するものであろう。「全からざる」作品を鑑賞する態度の根底には、「人間、この不完全なるもの」という暗黙の認識が横たわっているとひそかに推定している。

ヒトは神性や仏性を視覚化するとき、しばしばみずからの姿に似せ、その形を理想化していった。それらを描き形作る芸術は、かならずしも理想的ではないヒト自身を理想の姿として映し出す不思議な鏡としての役割を担ってきた。目にみえる実在として提示された神や仏は、その理想的な姿ゆえに理想的な精神を体現するものとして理解されてきたのである。そこでは、現実の人間にはない心身の美しさが造形活動に求められたはずである。古代ギリシアの神像やヴァチカンのピエタ、東洋古代の多くの仏像などは、その要請に応えようとする芸術家たちの努力の結晶にほかならない。

しかし、芸術が人間的な姿のなかで理想を目指し、形としての完璧を追い求めていくことは、造形とその原型である現実の人間との乖離《かいり》を作り出すことでもある。ヒトが独立した個人としての存在と尊厳を強く意識するとき、不思議な鏡を通してみる理想的な自画像と現実の自己との隔たりは、より等身に近い自像が映る鏡への要求を促したであろう。多くの事柄をはしょっていってしまえば、それが古代・中世と近世の造形意識の分水嶺《ぶんすいれい》をなす意識構造ともみられる。ミケランジェロのふたつのピエタにみる落差にも、そのことは関係するであろう。もちろんヴァチカンのピエタが中世芸術だなどと主張しているわけではない。造形に内在する意識構造の一面をいっているのである。

桃山とルネサンス

だいぶ迂回《うかい》したが、本来の茶碗論に戻ろう。

『織部茶会記《おりべちゃかいき》』のなかに次のような記録がある。

「二重棚の下たな（棚）に、やきそこなひのせと茶わんの内に、つちたう（辻堂）のかたつき、梅はちの袋入、竹のふた置ハかべのかたに置合」（二重棚の下段の棚に、焼き損じの瀬戸茶碗の内に、辻堂形をした肩衝茶入、梅鉢《うめばち》文様の袋を入れ、竹製の蓋置《ふたおき》は壁の方に置き合わせ）という文章がある。

これは慶長六年（一六〇一）の茶会でのことであるが、実際に焼き損なった茶碗かどうかはともかく、参会者には一見焼き損ないとしか見えない茶碗が飾ってあったのである。ここに「完全」ではない、しかし、だからこそそれにしかない特徴なり個性なりをもった器物を評価する積極的な姿勢が強く表われている。むしろ歪みや凹凸を意識的に作り出すというところまで踏み込み、ふつうの常識的な陶磁器の造形意識からすれば失敗作と思われかねないものを選択し、用いるということは、器物が個体として明確でなければならないという過激ともいえる思想の産物であった。

歪みやキズという、ふつうの器物でいえばマイナス評価につながるものが、茶器においてはしばしば鑑賞の重要な部分になることはすでに何度も述べてきた。整った美の追求を志向する唐物から、同じ唐物でも珠光茶碗のような粗相のものを選好し、さらにここではくわしく説明しないがベトナムやタイの日常器である南蛮物やハンネラを使い、高麗物、和物へと傾斜していく侘茶の器物の流れの帰結である。それはまた、神聖を目指す理想的な造形を求める意識から、より人間的な姿形を要求する意識への転換とみることができる。

かつて、桃山ルネサンス論がいわれた時期がある。もともとヨーロッパの歴史における時代区分をどの地域にも適用することなど、どだい無理があるから、アナロジー以上の意味がどのくらいあるか疑問だが、あまり大上段にふりかぶらず、のんきにいえば、ミケランジェロ（一四七五〜一五六四）と、たとえば武野紹鷗（一五〇二〜五五）が同じ時代の空気を吸っていた人たちであったことは、考えてみるとやはりおもしろい。

第七章　人間的な、あまりに人間的な器

手取り

前章で取り上げた西洋美術と茶碗との比較は、大げさではないか、という読者の批判があるだろう。たしかに両者には大きなちがいがあることは事実である。それは前者が宗教美術であったり、もともと芸術品であることを意識して造形されたものであるのに対して、茶碗は本来、茶を飲むための実用器であるという差と関係する。それはヒトと造形の関係性に関わる問題であるともいえるし、それぞれの鑑賞法にも関わる。ひとつの例を示してみよう。

茶碗では、よく「手取《てど》り」ということばを使う。わかったようでわからないことばのひとつだろう。説明は少しむずかしい。

あるとき、ある場所で、ある茶碗の話をしていて「手取りが意外に軽いものですよ」というと、そばで聞いていたひとりから「手取りってなんですか」と訊かれたことがある。「給料の手取りならわかるけど」とそのサラリーマン氏にいわれて「なるほど」と納得した。『大辞泉』をひいてみると、たしかに「給与などから税金その他を差し引いた、正味の受取金。実収入」というのが第一義で、やきもの、とくに茶碗の鑑賞で使う「手取り」というのは出ていない。

やきものに関して「手取りが重い」とか「手取りが軽い」とかいうとき、それは文字どおり手に取ったときの感じ、とくに重量に関わる表現である。しかし、たんなる重さをいうなら、ただ「重い」「軽い」ですむ。わざわざ「手取り」というのは、それが視覚と結びついた相対的な重量感覚の表現だからである。ということは、このことばが使われるとき、話し手には、手に取ろうとする器に対して、意識的にせよ無意識的にせよ、重さの予測があるということにほかならない。そして、その予測は経験に裏打ちされた視覚を通じてもたらされるものであるが、同時に対象の器が手で持たれるものだという暗黙の前提がある。

一般的にごつごつした堅そうな形、暗色系の色彩、分厚い造りなどは、重そうな印象を与えることが多いであろう。逆にサクサクした表面や明るい色、薄い造りなどは軽さを予想させる。しかし白い器でも、磁器質のものは陶器質や土器質のものに比べて重いということを経験的に知っている人は、白磁の肌からある程度の重量に関する情報を引き出すにちがいない。こうして人は手に取る前に対象の重さを予測し、その予測にふさわしい力を手に込めて器物を持ち上げる。そのときの予測と実感の差の感覚が手取りの軽さであり、重さであるといえる。

手にとる器と手にとらない器

手取りの感覚は、誰しももっているにちがいない。しかし、このような所作、感覚は仏像やミロのヴィーナスやピエタなどを鑑賞するときヒトの意識にのぼることはまずない。このことばが最も重視される機会は、おそらく茶碗を直に鑑賞するときである。茶碗が目の前に出されると、人はその茶碗の重量を無意識のうちに測っているのである。それは、茶碗は手に取るものだという多くの日本人に染み込んだ行動様式と関係がある。茶碗が茶を喫《の》む碗であっても飯茶碗であっても汁碗であっても、通常、日本人はそれを手に取って、内容物を食べ、あるいは飲む。こうした器を下に置いたまま中身を摂取することは無作法とされる。

日本人にとって常識であるこの習慣はしかし、かならずしも世界的にふつうというわけではない。少し気取った洋食の席では、飲み物以外は、容器を直接口につけるということはない。お隣の朝鮮半島でも器物に直接口をつける食べ方は「犬の食べ方」といって嫌われる。酒や水・茶の類以外のご飯やスープ、お菜の場合、器と口との間に距離が保たれていて、箸やスプーンによって中身が口に運ばれるのがふつうである。

こういう食事作法がそれぞれの地域でいつ生じたのかという詮索はさておいて、とりあえず当面する話題でいえば、日本人にとって碗は手に取るものである。とくに茶室では通常、畳の上から茶碗を取り上げなければならない。人は格別意識しなくても茶碗の重量を予測することになる。

持ち上げるのは木器でも漆器でも同様である。しかし、それらの場合、視覚的な重量感が裏切られることはそれほど多くない。その点、やきものは素材により、成形により、削りにより、重量はさまざまで、個体としての器物における手取りの情報は、視覚を通じてもたらされる情報とともに、人と器を結ぶ無形の橋をなしている。

同じことが手触りについてもいえ、指や掌によって対象を確認し、さらに唇で触れることによって触覚を通じての認識が完了する。

わたしの少年時代、映画鑑賞は許可制で、ときどき見回りにくる教師の目を盗んでよく映画を観に行ったものであるが、いわゆる「洋画」では登場人物が握手、抱擁、はては接吻と、やたらに身体接触がさかんであることにドキドキしながらも不思議な気がしたものである。昔の日本人はあまりこういうことを人前ではしなかった。

いっぽう、近ごろのペットの飼い方では、これに似た光景をしばしば目にする。わたしもかつてイヌとネコを飼っていたことがあり、接吻まではしなかったが、相手の迷惑もかまわず抱きかかえたりしたものである。

こう書いてくると、いわんとしていることはおわかりであろう。そう、日本人のやきもの鑑賞法には、人と人とのつきあいや、そのコピーとしての人とペットとの関係行動に似たところがある。このような関係における相手はもちろんヒト一般、動物一般ではなく、個体としての人であり、動物でなければならない。類似の関係性が日本人とある種の器物の場合に成立しているのである。

掌で茶碗を持つという行為は、茶味《ちゃみ》ないことばでいえば、「器と人間の面的接触による関係」ということになる。これは絵画や彫刻など、そしてまた多くの外国で器を鑑賞するときには見られないヒトと対象の関係性である。そこには器物の擬人化という現象がある。

器物の擬人化

人間以外の対象を擬人化して認識するというのは、べつに日本人の特技ではない。機械や道具も、それが身近なものであれば、感覚としてヒトに近づいてくる。ペットになればなおさらのことで、近頃では家族として意識されることもしばしばである。これらには名前がつけられ、個体として識別される。ロボット化された機械は愛称で呼ばれ、人間化される。

右の例とは少し側面を異にするが、部分名称の擬人化ないし生物化もよく見られる現象である。口、肩、腰、足・脚などというのは、器物や機械でもふつうに使われることば群である。器物の形状表現には「尻膨《しりぶく》ら」とか「締腰《しめごし》」という表現もあって、なんとなく艶っぽい感じがある。これはもちろん身体に関する言語の転用で、このような表現は中国でも韓国でも用いられる。英語では器物の口縁部をlipといい、肩はshoulder、脚はfootだのという。手近で普遍的なものを指し示すことばが便宜的に流用されて共通理解の橋渡しとなるのは、それこそ普遍的な現象である。

このように考えれば、日本人の茶道具に対する感覚も格別なものとはいえないであろう。しかし、やはりそこには、日本列島のなかで育まれた、独特なものがあるように思われる。その根底にあるのが、器物とヒトとの緊密な接触を通じての関係性である。そして、それがもっとも先鋭化したのが日本の喫茶のなかで成立した茶道具とヒトとの関係、なかでも茶碗とヒトとの関係だといっていいだろう。

茶道具の場合、かならずしも茶碗だけではないが、個体を識別し、名前をつけ、愛情またはは愛着を寄せる。視覚だけでは満足せず、掌に入れ、撫でて愛玩する。こうして視覚以外に触覚や重量感覚を動員した鑑賞態度ができあがる。先に述べた「手取り」の感覚はその一要素となるのである。

なかでも茶碗は直接に手にとり、口をつけるものである。「唇が茶碗の口に触れ、なかの液体をすする」と書けば、喫茶の動作の説明であるが、「茶碗の」の三文字を取ると、べつのことを想像する向きがあるかもしれない。器とヒトの間にスプーンやフォークが介在すると、器の口当たりは問題にならないが、日本の飲食文化ではきわめて重要である。相手が器物であれ、動物であれ、濃厚な身体的接触は官能性を内包することになる。

よくいわれることであるが、日本人の陶器好きもそこに関連する面がある。陶器と磁器では熱伝導に差がある。朝鮮半島のように、いまも飯器や汁椀に金属器がよく使われ、やきものの場合でも磁器が一般的なのは、器を直接手にとらない飲食習慣と関係がある。日本で汁椀《しるわん》に木器ないし木胎漆器《もくたいしっき》がよく使われるのは、これらが金属器はもちろん陶磁器よりもさらに熱伝導率が低く、手に内容物の熱さがほどよい程度にしか伝わらないからだ。日本で磁器生産がさかんになった江戸時代以降、飯椀に磁器が常用されるようになったのは、すでに述べたように清潔を保ちやすいのと、ふつう、ご飯が汁より温度が低いからであろう。

茶もまた通常、ある程度の熱さを尊ぶ。しかし、禅院《ぜんいん》や殿中《でんちゅう》での茶は本来、点《た》て出しだった。茶坊主といわれる人たちが建物の裏側にあたる「褻《け》」の空間で点てた茶を広間などの表の「晴《はれ》」の場に出して供する。当然、茶は少し冷える。高貴の人には猫舌《ねこじた》が多いといわれるが、こういう場で飲む人たちは磁器製の碗でもそう熱くは感じなかったはずである。

侘茶が成立してくると、茶室のなかで主客が対座し、亭主は客の目の前で煮えた湯を茶碗に注ぎ、茶を供するようになる。茶碗の熱伝導が問題になる。山上宗二が当世は「唐茶碗ハ捨リタル也」というとき、それはもちろん美意識のうえでのことであるが、背景にはそのような茶の出し方も関係していたであろう。

いっぽう、対象の個体性、個別性はなにによって保証されるのか？

それは主として形、色、大小などの視覚的に認識される要素であり、ついで触覚的特性である。日本の茶器では「景色」とか「見どころ」ということをいう。そこに、その器がもつ個体としての特徴が集約されているからである。人ごみのなかで別人のうしろ姿を誤認することはよくあるが、顔と正対すればそういうまちがいはあまり起こらない。

茶入や茶碗を並べる展示では、博物館・美術館の学芸員の人たちは、それらの正面が観客に正対するようケースのなかに置く。抹茶を亭主からふるまわれたときは、掌のうえで回し、正面を避けて口をつけるのも茶碗に顔を見るからだ。

茶碗を鑑賞する態度のなかには、古くからの日本人の飲食習慣に根付く要素がある。そしてそれが中国直伝の飲茶法から変化し、亭主と客との私的関係の濃度が上昇する侘茶の発展につれて、様式化され作法化されていったにちがいない。個体識別性は、侘茶の美意識のすべてを説明するものではないが、ひとつの重要な機能を果たしたと考えられるのである。

人はなにに惚れるか?

「好きになる」とか「惚《ほ》れこむ」というのはどんな現象をいうのだろう?

人類全体や一般大衆を愛する人はいるのかもしれない。政治家の演説では、そういうニュアンスを滲《にじ》ませたものもある。しかし通常は「だれか」を、「だれだれか」を愛するのではないだろうか? その前提になるのは、愛情の対象として個体ないし限定された数の個体群が識別されることでなければならない。

話を簡単にするため、ここでは好きだの愛しているだのという対象をひとりということに限定してみよう。彼または彼女のどこがいいのか? スタイルがよかったり、顔がきれいだったり、気立て・性格がよかったり、といいと思う理由はさまざまであろう。しかしこれらの理由はかならずしも客観的な事実である必要はない。ある人にとって相手がそうみえ、そう感じられればいいのである。「あばたもエクボ」ということばがあるように、人が相手に惚れ込む理由は主観的な感覚であって、多様である。ことば化できないファクターもあるから、多様性の幅は無限であるともいえる。そのなかから個人が個人を選択する。親子や、あるいはごく狭い社会の場合には対象選択自体に限界があるが、それでも原理的には同じだ。だれがどういおうと、好きな対象は好きなのである。

室町時代後半以後の先端的な茶人における道具の選好には人の人への愛情に似たところがある。この器のどこがいいのか、と他人にいわれても、自分にはこれがいいのだといい切る強い好みの主張がある。それは対象器具に個別性を見ることであった。個別性こそが、「これ」であって「それら」「あれら」ではない好みを支えているのである。

人間は「全からざる」ものである。完璧な人という存在は想像のなかには存在しえても現実には求められないし、抽象的な憧れの対象であっても現実の愛にはなりえない。珠光や利休や織部が茶器を選び、使うとき、一見粗末であったり、キズついていたり、歪んでいたりするものをしばしば対象としたのは、器物に人間ときわめて近い関係性を求めたからにほかならない。

命銘と箱書

ヒトと対象との関係性を物語る顕著な例としては、命名・命銘という名をつける作業もそのひとつである。子どもが生まれたとき、名前をつけて初めて役場で認知されることはすでに述べた。茶道具にはしばしば個々の名前がついている。すでに『君台観左右帳記』と『山上宗二記』で類概念と個別名称をみてきた。そして、茶器が個々の名前で表記されていくようになったことを述べた。それは、中世から近世にかけての茶の湯のなかで個々の茶器が個別化され、認知されていく過程であった。

飲食器の個体に名前をつけて呼ぶという風習は、世界的に見て珍しい部類に入るのではないかと思う。陶磁器全体でみれば、近代の研究者によるあだ名のようなものはある。元《げん》青花《せいか》の基準資料として名高い「デヴィッド瓶」や、近世の中国三彩として知られる「トラディスカント・ジャー」というのがそれだ。いずれも所有者の名を冠して呼ばれているから、山上宗二がいう「松本茶碗」などに近い命名だが、研究者同士の便宜的なものである。ヨーロッパでも発注者や持主の名前で知られる食器セットなどはある。

しかし、これらは茶の湯の世界で発展した命銘とは、個別化としての共通性はあるが、異なる現象である。すでに説明してきたように、茶道具の場合にはたんなる個体の名前を越えて、人間同士の付き合いに近い、あるいはペットに名づけるのと同じような動機が潜んでいる。それだけではない、「はしたて」や「顔回」という茶器でみたように、しばしば古典と結びついた風流や生き方の理想、あるいは命銘者の美意識や対象認識までをも表現している。

この流れは形式として、おそらく江戸時代初期に「箱書《はこがき》」としてひとつの完成に至る。古田織部亡きあとの茶の湯をリードした小堀政一《こぼりまさかず》（一五七九～一六四七）がその完成者とされる。徳川幕府のもとで遠江守《とおとうみのかみ》に任じられていたからよく遠州と呼ばれる人である。建築、意匠に通じ、宗甫《そうほ》と号した。平安時代以来の故事にくわしく、和歌に題材をとった美しい銘の数々を茶器につけ、平安・鎌倉時代の歌人・藤原定家《さだいえ》（一一六二～一二四一）に学んだ独特の書風で箱書《はこがき》をした。こういったスタイルはその後の箱書の定型をなして現代にもつながる。しかしステレオタイプになったとき、オリジナルがもっていた生命力を失うのはさまざまなジャンルにみられる現象である。以後の命銘には風流や機智こそみられるが、「顔回」に感じるようなヒトとモノとの緊張感はないことが多いように思われる。茶は遊びでもあるから、それはそれでいいのであろう。時代もまた戦国の遺風濃厚な桃山時代から幕藩体制下の安定志向に移っていた。

箱書についてはもうひとつ余計なことを書く。

あるとき知人から、高名な現代作家の壺をもっているのだがそれを売りたいという相談があった。わたしは現代陶芸にうといし、売買には関与しないようにしているのでひとまずお断りしたが、値段のだいたいだけでも知りたいというたっての願いで、そういうことのわかりそうな人に照会してみた。

「作品自体はよさそうで、作者の箱があればナン十万円クラスですが、残念ながら箱がない。市場に出しても一桁ですかねえ」

作品自体よりも箱書が優先する世界がある。そこではモノを直に観る緊張感はない。しかし、器物に銘をつけ、ていねいに箱に入れて、箱書を施し、紐を掛けて収納するという一連の手続き自体は将来も残したい貴重な伝統だと思う。

終章　日本における外来文化のモデルと茶

「無一物」との出会い

やや薄暗いギャラリー。いくつもの木枠のケースのなかにやきものが展示されている。そのうちにひとつの茶碗がほのかな赤みを湛えて静かに、ほんとうに静かに安坐している。茶碗のまわりの狭い空間だけが少し明るい……。

現実の記憶とはいえない。長い歳月の間に、わたしの頭が作り上げ、脳中に沈殿していったぼんやりとしたイメージのようなものである。その底に安坐しているのは長次郎の赤楽茶碗「無一物《むいちもつ》」である〔図15〕。

もう何年前のことになるだろう。あれからたぶん五〇年ほど経っている。場所は東京国

図15　赤楽茶碗　銘「無《む》一物《いちもつ》」　長次郎作
高 8.5cm　口径 11.2cm　16世紀　重要文化財　頴川美術館蔵
京都・楽家初代の長次郎がロクロを使わず、掌《たなごころ》の中で形を作り、ヘラで整えて、おだやかな赤い釉薬をかけて焼いたもの。ところどころに流れる白い釉薬が碗の表面に変化を与えている。和物茶碗の黎明《れいめい》を告げる作品のひとつ。

立博物館。そこで初めてこの茶碗と出会った。平常展示室のなかでその前に立ったとき、ウィークデイの昼下がりでもあって、周囲にはだれもいなかったと記憶する。

「昔は頴川《えがわ》さんから借り出して、ときどき並べていたんだ」というのが東京国立博物館で長く陶磁器を担当され、またのちに頴川美術館の理事長にもなられた林屋晴三さんにだいぶあとになって伺った回想談である。「ときどき」のひとつがわたしの経験したそのときだったのだ。

「ああ、こんな世界があったのか」というのが、ほっとするような思いとともに抱いた感想であった。以下、少し私事にわたることをお許しいただきたい。

少年時代以来、わたしにとって美術とは、端的にいえば近代の西洋絵画であった。たとえばゴッホであり、モジリアニであり、ルオーである。当時は原画を直接見られる機会はほとんどなく、彼らの作品にもたいていは美術書の印刷を通して接していたのだったが、ある時期、それらの作品群を見るのがだんだん息苦しくなってきた。ただ見るというより、作品を通して画家その人と対しようとしていた、というのが後日の自己分析であるが、その当時は近代西洋絵画に惹かれながらも、心のどこかでそれらからの逃避場所を探していたのではないかと思う。

「無一物」から受けた印象の実質はなんだったのだろう、という疑問が博物館から帰ったあともながく頭の片隅に残った。

長次郎の作陶は、彼自身の自我の拡張としての表現行為ではない。千利休の欲する茶碗を作ることが目的であって、そこに自我が反映しているとすれば、それは利休の自我が主体の中心でなければならない。いっぽう、利休の求めた茶碗は、茶を飲むための道具だてのひとつであって、茶碗自体を近代的な意味での芸術として鑑賞の対象とするものではなかった。茶碗の作り手の記録ないし記憶がたまたま長次郎という名前として残ったのであって、基本的には無名性の造形としての性格が強いものではなかろうか。結局、わたしがこの茶碗に憩いを見出したのは、近代西欧美術におけるあまりに強い個我の意識に同じく強い自我意識をもって相対することにくたびれていて、芸術家意識がより少なくみえるこのような造形に惹かれたのではないか、というのが利休だの長次郎について少し勉強したあとでの、とりあえずの結論であった。

しかし、これだけでは説明になっていない。原始時代の土器にしろ、民芸にしろ、「無一物」以上に自我意識の希薄な造形はたくさんあるし、それらを見ることに大きな喜びを見出す人も多いにちがいない。

開高健によると、物書きが美味を語る際の禁句のひとつが「筆舌に尽くしがたい」だそうである。寅さんの科白を借りれば「それをいっちゃあ、おしめえよ」ということになる。料理に限らない。美味追求も美術や音楽の鑑賞も、男女間の愛も、ことば・文字をもって語ろうとすれば、いずれも官能をいかに言語化するかが問われることになる。「無一物」に限らず、日本の茶の湯に関わる器物の美質、なかでも茶碗のそれをどう言語化するか？いつしかそんな課題が漠然と脳裏を行き来するようになった。そこに「まえがき」で述べた韓国での「マクサバル」ポスター体験が重なった。自分なりの言語化、自分なりの整理をこのへんでやっておきたいというのが、わたしにとっての茶碗を論じる発端だった。そしてとりあえずの仮説が器物における個体性の発見と創造である。おおまかにいえば、侘茶の茶人たちは高麗茶碗というモノに個体性を発見し、和物茶碗というモノのなかに個体性を創造していったのではないか？

利休と長次郎との共同制作ともいうべき楽茶碗は、ロクロを使わない。手づくねといって、土のかたまりを手のなかで延ばし、碗の形に作りあげていき、最期にヘラで削りこんで仕上げていく。たなごころ（掌）のなかで形が生まれ、喫茶の際にたなごころのなかに過不足なく収まる。と同時に、製作過程の必然として、一体一体には造形上のちがいが出る。見事な着想といわねばならないと、いまのわたしは考える。それこそが真の和物茶碗の創造だったともいえるだろう。

唐物、高麗物、和物

ここで本書のあちこちで出した「からもの」というときの「から」をことばとして考えておきたい。

いまではこのことばに「唐」という字をあてる。唐物ということばは平安時代の初めごろまではたどれるから、これはその前の大唐帝国の影響を強く日本が受けるようになって以来のことだろう。しかし、ふつうの漢字の音としては、唐を「から」とは読めない。「から」は日本列島人の固有語であろう。

彼といい、彼女という。彼方《かなた》という語もある。いずれも「か」で始まるのは、それが自分からみて向こう側にある存在だからである。一方、「ら」はなにか？

新羅《しんら》といい、百済《くだら》という。九州の松浦《まつうら》地方はかつて「末盧《まつろ》」「末羅《まつら》」といったらしい。史書の文字はそう読める。済州島《さいしゅうとう》の古名は耽羅《たんら》である。いずれもロないしラで終わる。それはヒトの集まる場所を意味し（村＝ムラの「ラ」がそれだろう）、国らしい地域社会ができあがる過程でいまいう「クニ」を意味するようになった。志賀島の金印の「漢委那《かんのわのな》之《の》国《こく》王《おう》」における国はもともと「ラ」だったのだろうと考えている。漢には「ラ」ということばがなかったから、そこに国の字を入れたのだろう。意味からいえば「漢の委の那《ナ》ラの王」とも読める。

九州に韓国岳《からくにだけ》という山がある。ここでは韓を「から」と読ませている。この山の命名がいつに始まるのか知らないが、唐以前の「から」は韓であってもおかしくない。七世紀に日本列島の先進モデルが朝鮮半島から唐に替わり、その影響力があまりに強く長く続いたため、以後今日まで唐が「から」になったと考えられる。

日本の茶の湯文化は、まさに唐の影響下に誕生し、唐物とともに形成されていった。茶碗に関しては、一五世紀後半から一六世紀に至ってひとつの転機が訪れ、侘茶の世界においてではあるが高麗（朝鮮）物が高く評価されるようになった。その評価は現在まで続いている。しかし、和物茶碗の本格的な生産が始まると、量的には国産品が圧倒的な存在となる。こういったところがおおまかな茶碗の推移である。

そこで、唐物とともに、高麗物の歴史的位置づけも立ち止まって考えてみなければならない。

朝鮮半島＝韓が「から」だった五世紀には、日本のやきものの歴史で画期的な事件が起こった。それは、日本初の硬焼《かたやき》の陶器・須恵器《すえき》の発生である。これにはほぼ全面的といっていい朝鮮半島からの技術移転があった。登り窯という装置もそうだし、それによる高火度還元焼成もそうだ。器形にも大きな変化が生じた。その後の日本の中世陶器の多くの窯場も須恵器の窯場の周囲で発生した。

そして中世後半になって、朝鮮半島のやきものが茶の湯の世界で唐物に代わる高い評価を得た。この評価は、近代日本の朝鮮半島植民地化以後、朝鮮半島のやきものへの注目が高まり、そのなかで民芸運動を推進した柳宗玄《やなぎむねよし》や浅川伯教《あさかわのりたか》・巧《たくみ》兄弟、あるいは小山冨士夫さんといった人びとが、その美的価値を再発見していったことに繋がっているようにみえる。おそらく、現在のわれわれの朝鮮半島陶磁、なかでも朝鮮王朝陶磁に対する観方は、室町時代後期の侘びの茶人たちの好みと近代の上記の人たちの意識的な選択に大きく影響されている。

五世紀の技術移転には、朝鮮半島の政治情勢も大きくからんでいたにちがいない。新羅が加耶《かや》を圧迫しつつ拡大していった時期にその移転が行なわれている。高麗茶碗が数多く日本に渡ってきたと思われる室町時代後期は、永仁の乱を経て戦国から統一に至る過程だった。おそらく前期倭寇と後期倭寇《わこう》の狭間で、対馬海峡を挟む海上が比較的に平和だった時代がそのきっかけ、背景にあったと思われる。そして明治維新を経て海外に触手を伸ばしていった近代。

いずれの時代も政治的・文化的転換期といえなくもない。そこに過度の意味づけをせず歴史の偶然といってもいいし、必然性という文脈のなかでも説明可能だろう。

文禄・慶長の役とやきもの

右の脈絡でいえば、文禄・慶長の役とやきものについても触れなければならない。この戦争を通じて、多くの朝鮮王朝陶工が日本に連れてこられ、西国の陶磁――薩摩《さつま》、有田《ありた》、唐津《からつ》（唐津については文禄・慶長の役以前から窯場があった可能性が指摘されている）、上野《あがの》・高取《たかとり》、八代《やつしろ》・小代《しょうだい》、萩《はぎ》等々のやきものが始まった。わたしが陶磁史に関心をもち始めたころは、この戦争を「茶碗戦争」という人もいた。そして、これによって朝鮮半島の粉青沙器《ふんせいさき》（日本ではかつて、そして一部ではいまも広義の意味で「三島《みしま》」といっている朝鮮王朝前期に生産されていたやきもの。茶陶でいえば、狭義の三島、粉引《こひき》、刷毛目《はけめ》などが含まれる）の窯が消滅したと教わったものである。ただし、これについては近年、韓国の陶磁史研究のなかから強い異論が出ている。

粉青沙器は一六世紀半ばにはその役割を終えていたのではないかという説である。現在のところ、韓国の窯址研究からはそのように考えられるのである。しかしいっぽう、文禄・慶長の役の災禍は朝鮮半島の全土におよび、窯場も例外ではなかったはずである。日本に連れてこられた多くの陶工たちの存在もそのことを物語っている。では朝鮮陶工たちはなにを日本にもたらしたのか？

有田町を中心とする佐賀県の状況をみていると、白磁の技術が移転されたことはまちがいない。一六世紀末には、朝鮮半島のやきものは白磁が主流となっていたから、これは当然だろう。いわゆる伊万里焼は朝鮮系の技術と中国系の器形や装飾が合体したところから始まったようにみえる。一方、唐津、薩摩、萩などでは陶器質のものが長く焼かれている。一六世紀末から一七世紀初めにかけて起きた日本西国諸窯を考えることには、文禄・慶長の役で朝鮮半島の窯場からどういう技術がもたらされたかという問題がもちろんある。しかしまた、朝鮮半島の陶磁生産がどういう影響を蒙ったかという問題をも考えることでなければならない。そのためには地道で客観的な研究が今後も続けられなければならないし、それは高麗茶碗の歴史的な意味づけにも関わることでもある。

茶の湯と異国の文化

茶の湯は現在、世界に向かって日本を代表する文化のひとつといっていい。外国のお客さんに京都あたりで抹茶をふるまう光景はすでにごくふつうの日本的おもてなしになっている。これには第二次大戦後、今日庵《こんにちあん》（裏千家）の千鵬雲斎《せんほううんさい》宗匠をはじめとする茶道界の人びとの世界行脚などが、日本の平和的民間外交の一翼を担ってきたことも大きくあずかって力となっている。

ただ歴史的に考えると、茶自体がまず中国からの輸入に始まり、茶道具も中世後期に至る以前はもっぱら舶来品がとおとばれる世界であった。この点に関しては近代以前に日本の茶の湯が外国に寄与したことはあまりない。海外への注文生産はあるが、それによって海外の窯業がとくにさかんになったという形跡は見出しがたい。ほとんど一方的に輸入超過だったようにみえる。しかし、そういうありかたこそ「日本的」というものだったかもしれない。

茶碗において唐物から和物にいたる道程には、ざっと八〇〇年ほどの長い時間を要している。が、その結果、日本の茶碗は歴史的にみてまことに多種多様な彩りのなかにあることとなった。茶道具全体でみればさらにさまざまな内外からの素材、形態を備えたものがあり、またよく保存されてもいる。

「日本的」といえば、なにか純粋性を求めたくなるし、明確で定型的な形をしたものを想定したくなる。現在の現象形態からいえば茶の湯という存在もそのひとつかもしれない。しかし、インターナショナルな要素の混在とその長らくにわたる取り合わせの工夫こそが「日本的なるもの」ではないのかという気がする。それが茶碗の歴史をみてきての感想といえば感想である。唐物を基盤に東南アジア方面の南海物、朝鮮半島の高麗物、さらには南インドやヨーロッパ物までも組み込んで内容を豊かにしていったのが日本の茶の湯である。それが茶の湯の代名詞「数寄《すき》」ということであるのかもしれない。食べかたでいえば、ハシ、サジやスプーン、フォークのような手の延長系としての食具も使えば、おむすびや握り寿司のように素手も使う、そのような混在があって、そこから長い発酵を経つつ独自なもの（ここでいえば食膳風景）を形成していく。しいていえば、その過程自体、動態自体が「日本的」といえるのではなかろうか。

しかし、そのような各種要素の混在は、食事に限らず、生活や文化のさまざまな面で、世界各地で見られ、また現在、急速に拡大、発達している文化現象である。「混在」とそこからの新たな地域性の形成こそ人間の文化がもつ大きな特徴であって、そのこと自体は日本に限らず、また茶の湯に限らない。それでもなお、その過程や動態に各地域の文化の特徴を求めることができるだろう。地域の文化現象を細かく観察し、考察することによって、偏狭なナショナリズムの閉塞に陥ることなく文化の地域性《ローカリティ》を語り合うことができるのではないか。茶碗という「日本的」といえる現象は、同時に歴史的に日本列島が置かれていた「国際的」立ち位置の結果でもあるのだ。

あとがき

「茶の美意識には泥《なず》むなよ」

それが、陶磁器に関心をもち始めたころのわたしに対する、ある大先輩の忠告だった。瀬戸市の出身で、陶磁器にくわしく、一方、フランス語にも堪能で、ヨーロッパ滞在経験も豊富だった人である。そうでなくても茶の湯とは縁遠い場にいたわたしにとって、茶陶は近寄りにくい対象だった。展覧会で見る以外、とくに学ぼうという気も起きず、その先輩の忠告をいいことに、積極的に茶陶に近づくことはなかった。

四〇歳を過ぎたころになって、突然のように茶碗への関心が生じてきた。それまでに徐々に蓄えられていた密かな関心が表に出てきたかのようであった。小さな因子が蓄積によってある日突然おもてに出てくるといった感じかもしれない。しかし、それはあくまで陶磁史のなかでの茶碗への関心だった。

文献を含めた茶道史への興味を多少とも抱くようになったのはさらに何年か経って、茶の湯懇話会の集まりに誘われて以後である。座長格の熊倉功夫《くまくらいさお》さん、竹内順一《たけうちじゅんいち》さん、赤《あか》沼《ぬま》多佳《たか》さん、中村利則《なかむらとしのり》さん、谷端昭夫《たにはたあきお》さん、田中秀隆《たなかひでたか》さん、中村修也《なかむらしゅうや》さん、鈴木国夫《すずきくにお》さん、橋本怜子《はしもとれいこ》さん、いまは亡き田中博美《たなかひろみ》さんらメンバーの議論を傍聴するだけのようであったが、『山上宗二記』をまともに読んだのは、その会がわたしにとっては初めての機会だった。このときのグループ研究（わたしはなんら寄与していない）『山上宗二記』研究はその後、五島美術館での「『山上宗二記』――天正十四年の眼」という展覧会とシンポジウムに結びついたものだが、いまもこの会で教わったことには深い感謝の念を覚えている。

一九九〇年代の半ばから一〇年ほど茶道資料館の特別研究員として、同館のいくつかの展覧会やシンポジウムに関わらせていただいたことも、茶碗を自分なりに考えるいいきっかけになった。

茶碗への関心ということでいえば、なによりも茶碗の面白さを身をもって教えてくれたのは林屋晴三先生である。また、茶碗を直にみる機会を多く与えてくれたのは赤沼さんだった。朝鮮半島の陶磁器について四〇年以上にわたってなにかとお教えいただいたのは鄭良《ヂョンヤン》謨《モ》先生である。本書をまとめる具体的な契機となったのは、二〇〇三年に大阪市立東洋陶磁美術館主催で行なわれた講演会「朝鮮王朝の陶磁器」でお話しする機会を与えられたことだったが、その折の館長（当時）・伊藤郁太郎《いとういくたろう》さんのお勧めにも感謝している。

ただし本書に書いたことは右の先生がたや友人たちの考えとはずいぶんちがっているにちがいない。内容はあくまでわたしに責任がある。茶の湯の世界の人びとには、門外漢のわたしが本書のような方法とことばで茶碗を語ることに違和感があるだろう。また茶陶や茶道史に対する理解については足りないところだらけである。さらに、喫茶の場では他の道具類との取り合わせのなかで存在する茶碗を、それだけ切り取って論じることの危うさもあるにちがいない。今後、おおいにご教示、ご批判いただけることを期待している。

在野のわたしがまがりなりに研究らしきものを続けられたことに関しては、右にお名前を挙げさせていただいた方々のほか、ここには書ききれない内外の大勢の人びとのお世話になっている。深く感謝申し上げます。

カラー図版、挿図の写真使用をこころよくご許可いただいた機関、個人にも篤く御礼申し上げます。

本書出版に際しては、飛鳥新社顧問の大山邦興さんのご尽力を得た。編集実務に関しては同社の富川直泰さんにご担当いただいた。散漫なもとの原稿を丹念に読み、構成・表現に多くのアドヴァイスしてもらったことに深く感謝している。

この本の基になった内容の多くは、大幅に書き換えてはいるが、かつて小学館のサイト雑誌『ブック・ピープル』に連載したものである。当時、ご担当いただいた同社の清水芳郎さん、一坪泰博さんその他の関係者にも、この場を借りて謝意を表します。

二〇一六年初秋

吉良文男

参考文献

※【中文】は中国語文献、【韓文】は韓国語文献を示す。

小島憲之・木下正俊・東野治之校注・訳『萬葉集①』（『新編日本古典文学全集6』）小学館、１９９４年
満岡忠成『日本人と陶器』大八洲出版、１９４５年
『鎌倉―禅の源流　建長寺創建７５０年記念特別展』東京国立博物館、２００３年
長谷部楽爾『請来美術（陶芸）』（原色日本の美術 第29巻）小学館、１９７２年
森田悌『日本後記　中』講談社学術文庫、２００６年
布目潮渢「唐風文化と茶」（茶道聚錦二『茶の湯の成立』）小学館、１９８４年
重森三玲『日本茶道史』（日本文化史叢書１）藤森書店、１９８２年（初版は河原書店、１９３４年）
林屋晴三「総説」（『特別展　茶の美術』）東京国立博物館、１９８０年
『茶道古典全集』第一巻、淡交社、１９５６年
陝西省法門寺考古隊「陝西扶風法門寺唐代地宮発掘簡報」（『文物』１９８８年10期）文物出版社、１９８８年【中文】
汪慶正主編『越窯、秘色瓷』上海古籍出版社、１９９６年【中文】
姜沆（朴鐘鳴訳注）『看羊録　朝鮮儒者の日本抑留記』（東洋文庫４４０）平凡社、１９８４年
姜沆『国訳　睡隠集』〈郷土文化叢書　第37輯〉全羅南道、１９８９年【韓文】
『草枕』（『漱石全集』第二巻〈短編小説集〉）岩波書店、１９６５年
『南方録』（『茶道古典全集』第四巻）淡交社、１９５６年
小松茂美『増補版　利休の手紙』小学館、１９９８年
芳賀幸四郎「宗湛日記」（『茶道古典全集』第六巻）淡交社、１９５６年
井上喜久男「古陶の美――猿投・常滑・古瀬戸・美濃」（『古陶の美――猿投・常滑・古瀬戸・美濃』）愛知県陶磁資料館、２０１０年
竹内順一「今、なぜ織部焼なのか――織部焼をめぐる二、三の問題」（『陶説』５３６）日本陶磁協会、１９９７年11月号
『槐記』（『茶道古典全集』第五巻）淡交社、１９５６年
古賀健蔵「古田織部 人と造型」（『江戸時代の茶の湯――織部・遠州・宗和・宗旦とその流れ』）日本経済新聞社、

１９９１年
松田毅一他訳『日本巡察記』（東洋文庫２２９）平凡社、１９７３年
小泉八雲（仙北谷晃一訳）「美は記憶なり」（平川祐弘編『怪談・奇談』）講談社学術文庫、１９９０年
谷端昭夫『茶話指月集を読む　宗旦が語るわび茶の逸話集』淡交社、２００２年
淡川康一「茶話指月集」（『茶道古典全集』第十巻）淡交社、１９５６年
清少納言『枕草子』（松尾聰、永井和子校注・訳『新編日本古典文学全集１』）小学館、１９９７年
茶の湯懇話会編『山上宗二記研究 二』㈶三徳庵、１９９４年
『長闇堂記』（『茶道古典全集』第三巻）淡交社、１９５６年
『山上宗二記 天正十四年の眼』五島美術館、１９９５年
永島福太郎校注『今井宗及茶湯日記抜書』（『茶道古典全集』第十巻）淡交社、１９５６年
李輝柄「福建省同安窯調査紀略」（『文物』１９７４年11期）文物出版社【中文】
福井勝義・［補稿］佐伯胖『認識と文化　色と模様の民俗誌』東京大学出版会、１９９１年
赤沼多佳『高麗茶碗』（『日本の美術』４２５）至文堂、２００１年
鎮海市・慶南発展研究院歴史文化センター『鎮海熊川磁器窯址（Ⅰ）――鎮海市熊東面頭洞里熊川磁器窯址試掘調査略報告書』２００１年【韓文】
鎮海市・慶南発展研究院歴史文化センター『鎮海熊川陶窯址Ⅱ』２００４年【韓文】
都珍淳「鎮海市所在外国関連文化遺跡調査および観光自然学研究領域調査報告書《21》」２００９年【韓文】
『君台観左右帳記』（『茶道古典全集』第二巻）淡交社、１９５６年
福建省博物館・茶道資料館『特別展　唐物天目――福建省の建窯出土天目と日本伝世の天目』茶道資料館、１９９４年
佐藤豊三「天目と茶」（徳川美術館・根津美術館『天目』）１９７９年
岩田澄子「『仏日庵公物目録』が示唆する天目の由来について」（茶の湯文化学会・平成22　年度大会発表資料）２０１０年
木芽文庫研究会「近衛尚嗣筆『茶湯聞塵』」（『茶の湯文化学』一号）茶の湯文化学会、１９９５年
中村能三訳『サキ短篇集』新潮文庫、１９５８年
熊倉功夫・筒井紘一・中村利則・中村修也『史料による茶の湯の歴史（上）』主婦の友社、１９９４年

吉田兼好『徒然草』(永積安明校注・訳『新編日本古典文学全集44』)小学館、1995年
奥野高広・岩沢愿彦校注『信長公記』角川文庫ソフィア、1999年
松沢智里編『信長記　甫庵本　上』古典文庫、1972年
『茶道古典全集　第七巻』淡交社、1956年

口絵１、６　静嘉堂文庫美術館イメージアーカイブ／DNPartcom
口絵２、４、８、および図１　TNM Image Archives
図２、９、11、12、13、14　著者撮影
図４、５、６　おぶみ・りょうきち
ｐ４地図　ハッシィ

【著者プロフィール】

吉良文男（きら・ふみお）

1941 年生まれ。東洋陶磁史研究家。元茶道資料館特別研究員。現在は愛知県立芸術大学非常勤講師。

近年は朝鮮半島の陶磁史をおもなテーマとし、古窯場を訪ね歩いている。

『世界陶磁全集』『縄文土器大観』『世界美術全集 東洋編』（いずれも小学館）などの編集にたずさわる。著書に『いまこそ知りたい朝鮮半島の美術』（小学館）、共著に『東洋陶磁史』（東洋陶磁学会）など。

小山冨士夫記念賞受賞。

茶碗と日本人

2016年12月23日　第1刷発行

著　者　吉良文男

発行者　土井尚道

発行所　株式会社飛鳥新社

〒101-0003 東京都千代田区一ツ橋2-4-3 光文恒産ビル
電話　03-3263-7770（営業）03-3263-7773（編集）
http://www.asukashinsha.co.jp

装　幀　飛鳥新社デザイン室

印刷・製本　中央精版印刷株式会社

ISBN 978-4-86410-525-5

編集担当　大山邦興・富川直泰